elefante

elefante

EDIÇÃO
TADEU BREDA

ASSISTÊNCIA DE EDIÇÃO
ÉRIKA NOGUEIRA VIEIRA

PREPARAÇÃO
ÉRICO MELO

REVISÃO
EDUARDA RIMI
TOMOE MOROIZUMI

DIREÇÃO DE ARTE
BIANCA OLIVEIRA

ASSISTÊNCIA DE ARTE
YANA PARENTE

DIAGRAMAÇÃO
DANIELA MIWA TAIRA

SILVIA
FEDERICI

CAÇA ÀS BRUXAS E CAPITAL

MULHERES, ACUMULAÇÃO, REPRODUÇÃO

ORGANIZAÇÃO GABRIELLA PALERMO

TRADUÇÃO GISELA BERGONZONI

Mulher lava roupas enquanto o filho brinca com bolhas de sabão. Ilustração publicada na revista *Magasin Pittoresque*, Paris, 1850.

PREFÁCIO

ANNA CURCIO

Este livro reúne as aulas do curso "Caça às bruxas e capital", ministrado por Silvia Federici em abril de 2019 na Mediateca Gateway (hoje Punto Input) de Bolonha, Itália, no âmbito do projeto de formação política militante "Pensamento crítico" (hoje "Input de pensamento crítico").

Atentas a um feminismo materialista e radical, estávamos interessadas em voltar a percorrer as origens da subordinação e da exploração das mulheres, que Silvia Federici, junto a Leopoldina Fortunati, havia retraçado na transição da Idade Média ao modo de produção capitalista.[1] Segundo essa interpretação, a fase de acumulação primitiva – que, na análise marxiana, cria os pressupostos para o nascimento e o desenvolvimento do capitalismo – foi marcada por um evento histórico tão potente quanto ultrapassado: a caça às bruxas, que redesenhou o papel social da mulher e definiu uma nova e específica forma de extração de valor e de produção da riqueza. Com o advento do capitalismo, enquanto a sociedade se reorganizava e mudavam-se as formas de trabalho – e se configurava, em suma, um novo modo de produção –, a subordinação social da mulher foi estabelecida como resultado da separação entre a esfera da

1 Em 1984, Federici e Fortunati publicaram *Il grande Calibano* [O grande Calibã]. Em 2004, desenvolvendo a análise, Federici publicou em inglês *Calibã e a bruxa*, traduzido para o português em 2017.

produção de mercadorias destinadas ao mercado capitalista nascente e a esfera da reprodução das condições de existência, as quais tornam possível a própria reprodução da sociedade.

A tradição da economia de subsistência, ainda que não isenta de uma divisão sexual das atividades, previa até então uma única forma de trabalho, que mantinha unidas a produção de bens e a reprodução da espécie, à qual os bens (agrícolas ou manufaturados) eram destinados (na economia feudal, por exemplo, as mulheres trabalhavam no *genitium*, a manufatura de tecidos, enquanto os homens manipulavam os metais nas *oficinae* para fabricar instrumentos agrícolas, e todos trabalhavam na terra). Com o capitalismo, no entanto, a esfera da produção de mercadorias nas áreas atingidas pelos cercamentos (*enclosures*) se tornou um apanágio do trabalho assalariado predominantemente masculino, enquanto a reprodução de bens de subsistência se converteu em prerrogativa do trabalho não assalariado, gratuito, quase exclusivamente a cargo das mulheres no âmbito doméstico, gerando uma notável economia para o capital através do corte dos custos de reprodução e subsistência do trabalhador assalariado. A caça às bruxas representa, nesse quadro, um violento dispositivo de disciplinamento das mulheres para uma nova forma de trabalho que, na sociedade capitalista nascente, era desvalorizada e subalternizada precisamente porque excluída da relação salarial. Trabalho que nem sequer era visto como tal, tornava-se um atributo "natural" das mulheres e descrevia uma forma total ou *absoluta* de exploração e uma inestimável fonte de produção de valor para o capital – uma drástica piora da posição social das mulheres, imposta pelo medo e o terror difuso da caça às bruxas no arco de mais de quatrocentos anos, entre os séculos XIV e XVIII.

Alinhada com as interpretações mais heterodoxas do marxismo, a fase de acumulação não se restringiu à "pré-história" do capitalismo. Ao contrário, estimulada pelas reiteradas lutas operárias e pela necessidade do capital de se reorganizar, vivia na contínua transição de uma forma de produção a outra. Na interpretação de Federici, o papel social das mulheres, imposto pelas fogueiras e torturas no alvorecer do capitalismo, se destinava a mudar seguindo as transformações do capital e as novas fases da acumulação. De tempos em tempos se definiam novas coordenadas da subordinação e da exploração das mulheres, determinando novas articulações entre produção e reprodução e novas relações entre os sexos. Na vasta bibliografia de Federici, essas análises – posteriores a sua primeira reflexão sobre a caça às bruxas, nos anos 1980 – se encontram disseminadas em vários artigos e comunicações produzidos ao longo de sua atividade teórico-política. Algumas delas aparecem nos livros publicados em italiano entre 2014 e 2020, particularmente em *Genere e capitale* [Gênero e capital] e *Calibã e a bruxa* (Federici, 2012 [2019b]; 2015 [2023]; 2020b; 2020a [2019a]), mas faltava uma abordagem abrangente do argumento. As aulas que aqui publicamos têm a intenção de preencher essa lacuna.

Após reler, sob uma perspectiva feminista, o tema marxiano da acumulação e discutir a caça às bruxas e suas consequências sociais e psicológicas, Federici sistematiza a reflexão sobre a organização da reprodução na longa transição capitalista. Ela apresenta a invenção do trabalhador assalariado entre os séculos XVI e XVII, quando os servos, então emancipados da gleba, foram "ensinados" (e restritos à *poorhouse*) a vender sua própria força de trabalho em troca de um salário, enquanto as mulheres, confinadas ao âmbito doméstico, ficaram excluídas desse processo, na melhor das hipóteses como assalariadas através do trabalho do marido, em uma nova forma de produção de base familiar, a manufatura, sobretudo têxtil, organizada pelos mercadores para empregar as famílias de camponeses expulsas da terra. Federici aborda, em seguida, a passagem da manufatura à grande indústria no século XVIII, quando o advento das máquinas estimulou ao máximo a produção, e a atividade de subsistência sofreu um declínio inexorável. Sobre essa fase de "crise da reprodução", Friedrich Engels escreveu páginas tão cruas quanto explícitas em *A situação da classe trabalhadora na Inglaterra* (1845 [1972, 2007]). Sua análise chega até os episódios cruciais, na segunda metade do século XIX, da criação do trabalho doméstico como o conhecemos hoje e da definição de uma nova relação entre os sexos, tutelada pela reprodução. Inventava-se a "dona de casa" e criava-se a família nuclear, sobre as quais o capitalismo fordista, a partir do início do século XX, construiria sua fortuna. A centralidade da reprodução nessa fase de transição capitalista é marcada também pela grande atenção dispensada por Federici às políticas keynesianas e ao New Deal, assim como — naquilo que mais nos interessa — à profunda crise do fordismo, quando, vitoriosas as lutas feministas dos anos 1970, uma grande massa de mulheres deixou suas casas, recusando o papel de esposas e mães que o capitalismo costurara para elas. A última fase analisada pela autora é a da reorganização produtiva e reprodutiva no período do neoliberalismo e da globalização. É a fase da economia da dívida e dos novos cercamentos, que atingem não somente os territórios mas também as formas de vida e o próprio corpo das mulheres, com a reprodução adquirindo um papel cada vez mais central nos processos de valorização do capital – por esse motivo é que o capital se mostra cada vez mais interessado na desvalorização do trabalho reprodutivo, como vimos com a explosão da pandemia de covid-19 (posterior ao seminário do qual nasceu o presente texto).

Cabe agora a nós, a partir desta longa digressão, desenvolver uma análise da reprodução social na nova fase de acumulação do capital. Uma análise feminista, materialista e radical sobre o presente, capaz de traçar novas linhas de ruptura para a prática política.

ANNA CURCIO estuda conflitos e transformações do trabalho em relação ao gênero e à raça. Entre suas publicações estão *La Razza al Lavoro* (2012) e *Comune, Comunità, Comunismo* (2011). Também é coorganizadora de *Introduzione ai femminismi: genere, razza, classe, riproduzione – dal marxismo al queer* (2019).

Mulheres trabalhando no campo em Roscommon, Irlanda. Ilustração da revista *The Illustrated London News*, volume LVI, publicada em 7 de maio de 1870.

RELER A ACUMULAÇÃO PRIMITIVA

Entre o final dos anos 1960 e o início dos 1970, o nó entre feminismo e luta de classes, entre feminismo e marxismo, se impôs como questão central em um contexto de lutas coabitado por diversas perspectivas feministas. Após a grande fase das manifestações de mulheres que enchiam as praças para exigir o direito ao aborto e a igualdade salarial, tornou-se necessário construir uma análise mais pontual das causas sociais e históricas das formas de exploração a que as mulheres estavam e estão sujeitas. Desse debate emergiram duas posições. De um lado, as "feministas radicais", que consideravam o patriarcado um sistema fundamentado em formas culturais e psicológicas atávicas e, portanto, não diretamente ligado ao desenvolvimento da sociedade capitalista. De outro, as "feministas socialistas", que voltavam a propor as teses dos pensadores marxistas, segundo as quais a exploração das mulheres dependia substancialmente de sua exclusão da fábrica e da produção capitalista. De acordo com este ponto de vista, as mulheres seriam oprimidas, mas não exploradas: oprimidas porque marginalizadas do desenvolvimento capitalista e, portanto, privadas do poder dos operários, que deriva do reconhecimento de seu trabalho e do contrato social intrínseco à relação salarial. Na ótica marxista, os operários, enquanto produtores, podem bloquear o desenvolvimento capitalista e até destruir o capitalismo. As mulheres, no entanto, marginalizadas da produção, são confinadas ao trabalho doméstico, concebido – também no pensamento marxista – como serviço pessoal que a mulher oferece à família e ao homem, ou como legado do mundo feudal e, assim, pré-capitalista.

A despeito das diversas posições, no início dos anos 1970 havia consciência de que as formas específicas de opressão e de exploração às quais as mulheres eram submetidas determinavam-se pelo tipo específico de trabalho que realizavam, ou seja, o trabalho doméstico, ao qual então se destinavam muitíssimas delas, senão a maioria. Amadurecia, assim, a ideia de que a especificidade da exploração do trabalho feminino é ligada à articulação entre o trabalho doméstico, a construção da família e a posição da mulher em seu interior.

Havia um consenso difuso sobre essa análise. No entanto, divergia-se acerca das razões pelas quais o trabalho reprodutivo, o trabalho doméstico, é fonte de marginalização das mulheres. Para algumas companheiras, isso dependia do fato de que se tratava de um trabalho marginal para a produção capitalista. Para outras, o trabalho doméstico era totalmente externo ao capital, razão pela qual viam na esfera da família e da sexualidade uma área livre, utópica, exterior ao sistema capitalista. Essa não era, porém, a posição dominante. Prevalecia a ideia de que a assim chamada vida privada – a esfera da sexualidade, da família etc. – seria um terreno atravessado por relações de poder, cujas funções queríamos compreender.

Fiz parte de uma rede internacional de companheiras, provenientes de experiências muito diversas, que articulavam uma visão claramente divergente tanto das feministas radicais quanto das socialistas. Essa rede se formou no início da década de 1970. Em junho de 1972, em Pádua, Itália, aconteceu a reunião que lançou a Campanha pelo Salário para o Trabalho Doméstico. A maior parte das companheiras reunidas naquela ocasião era italiana: as organizadoras do encontro foram Mariarosa Dalla Costa e Leopoldina Fortunati, que vinham da Lotta Femminista [Luta feminista] e do movimento estudantil. Muitas tinham formação operaísta e uma trajetória construída na luta dos movimentos operários e estudantis que surgiram na Itália no final dos anos 1960. A experiência na fábrica e a constituição do operaísmo – especificamente o inspirado em Mario Tronti, que resgatava Marx e teorizava que a luta de classes é o motor do desenvolvimento do capital – levavam-nos a considerar o capitalismo não como uma realidade social autônoma, que se retroalimenta, mas como uma realidade continuamente construída e remodelada em resposta aos movimentos e às lutas. Em outras palavras, esses elementos nos guiaram na leitura das formas de exploração produzidas pelo capitalismo como respostas a lutas específicas. Essa abordagem, para nós, se tornou tão central que podemos afirmar que nos dirigimos a um campo teórico-político diferente das perspectivas feministas marxistas e anarquistas, que naqueles anos eram dominantes dentro do movimento.

Como eu disse, dessa rede internacional pelo salário para o trabalho doméstico faziam parte companheiras provenientes de experiências muito diversas. Selma James, por exemplo, havia passado alguns anos em Trinidad em um período crucial para o Caribe, o da luta de descolonização. De origem estadunidense, ela desde jovem trabalhava nas fábricas de Los Angeles, e por isso trouxe à rede internacional a experiência das lutas operárias nos Estados Unidos e do movimento anticolonial. A luta anticolonial, por outro lado, atravessou todo o século XX e, nos anos 1960 e 1970, sobretudo após as guerras da Argélia e do Vietnã, revolucionou a perspectiva dos movimentos de esquerda também na Europa, instaurando uma crítica do marxismo que, com o tempo, provocaria um descentramento do conceito de "luta de classes" e dos sujeitos revolucionários.[2] Contribuíam para isso as lutas do movimento negro e do Black Power nos Estados Unidos, que, assim como a luta anticolonial, à qual eram intimamente ligados, viam o capital não do ponto de vista da fábrica, mas de uma posição frequentemente ignorada pelos programas da esquerda oficial: a dos escravizados e não assalariados.

A partir desses pressupostos, elaboramos uma análise do trabalho de reprodução em grande parte inspirada pelo famoso texto de Mariarosa Dalla Costa, *Potere femminile e sovversione sociale* [Poder feminino e subversão social] (1971), que logo se tornou um manifesto feminista, alcançando grande difusão internacional. Nesse texto, a partir da análise do significado e do caráter do trabalho doméstico, Mariarosa Dalla Costa afirma que, para compreender as raízes das formas de exploração específicas às quais estão sujeitas as mulheres na sociedade capitalista, devemos antes de tudo observar a figura da dona de casa,

2 Ver a obra de Samir Amin, Frantz Fanon e Amílcar Cabral.

a figura da mulher enquanto reprodutora da força de trabalho. É um assunto importante, revolucionário em seus aspectos teóricos e práticos, porque abre novas perspectivas para a compreensão do capitalismo. A história da luta revolucionária e anticapitalista que o marxismo nos legara até aquele momento privilegiava sempre, como sujeito revolucionário, o operário assalariado, homem e branco, a fábrica como terreno fundamental da luta anticapitalista, e o trabalho de produção de mercadorias, a produção para o mercado, como o campo da criação de valor. Porém, dentro do debate feminista daqueles anos, muitos grupos – inclusive os de conscientização – começavam a teorizar a situação da mulher a partir de nossas experiências pessoais, das experiências de nossas mães, de nossas avós. Em todas essas experiências emergia a centralidade, que todas sentíamos, do trabalho doméstico, que abarcava a família, a sexualidade, a procriação, os filhos e as filhas. *Potere femminile e sovversione sociale* foi revolucionário porque redefiniu todas essas atividades ao colocá-las no centro da organização do trabalho capitalista e, portanto, no centro de um discurso anticapitalista. Nessa perspectiva, o trabalho doméstico foi redefinido como trabalho de produção da força de trabalho, ou seja, um trabalho que produz a capacidade de trabalhar, adquirindo, assim, um significado político completamente distinto. Isso significava, de fato, que a luta das mulheres não devia somente apoiar a luta dos operários nas fábricas, e que as mulheres podiam lutar a partir do próprio trabalho. Começamos a pensar, então, sobre o fato de que o desenvolvimento do capital não responde somente à luta do operário na fábrica, mas também à luta da operária doméstica.[3]

Forjou-se, assim, uma imagem diferente da sociedade e da organização do trabalho capitalista, que prevê já não um único centro – o operário e a fábrica –, mas sim dois centros nevrálgicos: a produção de mercadorias e a produção de trabalhadores. Desse modo, a organização capitalista do trabalho é relida como uma linha de montagem que se inicia na cozinha, nos quartos, na casa – ela própria uma fábrica, e uma fábrica fundamental: a família, a sexualidade e a procriação se tornaram de fato os pilares de sustentação da organização do trabalho, porque sem trabalhadores o sistema como um todo não funciona.

A partir dessa consideração, sentimos a necessidade de redefinir primeiramente a família enquanto centro de produção, e em seguida as relações familiares, observando que, na verdade, trata-se de relações de produção (no sentido capitalista, e não no geral), assim como a sexualidade (também um terreno de produção e exploração capitalistas) e, por fim, a procriação. Mas reexaminamos, sobretudo, o significado do salário. Percebemos que, de fato, o trabalho doméstico sempre foi mistificado como um não trabalho, porque o capitalismo, o Estado e as organizações operárias impuseram uma visão do trabalho que o identifica com o trabalho assalariado e cada vez mais com o trabalho industrial.

3 Entre 1976 e 1977, o Comitê pelo Salário para o Trabalho Doméstico de Pádua publicou o periódico *Le operaie della casa: Rivista dell'autonomia feminista*.

O livro de Federico Tomasello, *L'inizio del lavoro* [A origem do trabalho] (2018), fala das primeiras décadas do século XIX como o momento em que se define uma nova ideia de trabalho. Ao reconstituir a história dos movimentos operários na França a partir de 1830-1840, o texto destaca o momento em que se estabelece um pacto social entre o Estado e algumas articulações do movimento operário, através das quais a luta operária se legitima e às quais se circunscreve. O livro especifica esse momento como aquele no qual Estado, capital e organizações operárias – e também, cada vez mais, os movimentos socialistas – aceitam que, por trabalho, entende-se trabalho assalariado.

Repensando o trabalho doméstico como trabalho de reprodução e como pilar da organização do trabalho capitalista – dado que sem trabalho de reprodução não há operários nem produção –, compreendemos o quanto ele é estrategicamente necessário e indispensável à acumulação capitalista. Por que, então, não é reconhecido como tal? Por que não é reconhecido como trabalho? A resposta é que essa marginalização permitiu ao capitalismo uma vasta gama de operações altamente lucrativas. Em primeiro lugar, permitiu ao capitalismo eclipsar uma imensa área de atividades produtivas e de exploração mediante sua naturalização. Trata-se de um enorme campo de trabalho que produz capital, mas invisível, porque se afirma que é da natureza das mulheres cozinhar, limpar e procriar; porque se decreta que há uma relação direta entre o útero, a procriação e o fato de que é a mulher quem cozinha, varre o chão etc. Tudo isso foi naturalizado e, assim, ocultado, a tal ponto que nem mesmo os revolucionários querem falar disso e reconhecê-lo – ao contrário, consideram-no um não trabalho porque não é remunerado.

Em segundo lugar, o capitalismo acumulou uma imensa riqueza ao se apropriar de um trabalho que é fundamental, mas que não paga quem o exerce. É a partir desse tema que muitas companheiras teorizaram uma estreita relação entre a exploração capitalista do trabalho das mulheres e a exploração capitalista da natureza. Não porque as mulheres sejam a natureza – somos de fato todos natureza – mas porque o capitalismo, que parece se fundamentar na troca igualitária e no trabalho assalariado, enriquece mediante a contínua depredação dos bens naturais, dos quais se apropria completamente. Assim como não paga aos rios que polui ou às águas de que se apodera, o capitalismo se apropria do trabalho das mulheres como se ele fizesse parte das coisas "naturais". Desse modo, construiu uma riqueza imensa à custa das mulheres, pois, se precisasse criar as infraestruturas reprodutivas para que milhões de pessoas se apresentem todos os dias ao trabalho, não seria capaz de acumular bilhões de dólares. O capitalismo extraiu trabalho gratuito das mulheres durante muitas gerações, com as bênçãos de todas as organizações revolucionárias masculinas – partidárias e sindicais –, que nunca protestaram contra esse estado de coisas.

Em terceiro lugar, ao definir o trabalho reprodutivo como não trabalho e organizar a família nuclear, o capitalismo conseguiu criar uma diferenciação e uma hierarquização trabalhistas entre assalariados e não assalariados, as quais lhe permitiram controlar as mulheres e lhes impor formas estritas de exploração. Esse controle não foi exercido diretamente, mas por meio dos trabalhadores assalariados. Instaurada a diferenciação entre salário e não salário, trabalho fabril assalariado e trabalho doméstico não assalariado (e naturalizado), o capitalismo delegou aos homens – sobretudo ao marido assalariado – o controle do trabalho das mulheres. Foi uma verdadeira revolução para o capitalismo. A celebração do amor romântico serviu para ocultar o trabalho desempenhado pelas mulheres no âmbito da família e o fato de que o sexo se inclui entre as tarefas do trabalho doméstico a ser cumprido por elas. Com efeito, a reprodução do trabalho assalariado não consiste somente em cozinhar, limpar e procriar; tão importante quanto essas atividades é a reprodução psicológica, emocional, sexual: enquanto para o homem o sexo é consumo e prazer, para as mulheres é trabalho (daí toda a questão da castidade feminina). O mecanismo de delegação, com o qual o capitalismo concede aos assalariados o controle dos não assalariados – assim como dá aos maridos o poder de controlar e disciplinar as mulheres ("esta comida está uma porcaria!", "as crianças não tomaram banho!", "olha como está esta casa!") –, explica a grande tolerância que a sociedade do capital sempre teve quando confrontada com a violência doméstica enquanto parte necessária da disciplina do trabalho doméstico. Os não assalariados são disciplinados pela violência exercida dentro de casa. O pai bate nos filhos, futuros trabalhadores que precisam aprender a obedecer, assim como bate na mulher, alegando ser um ato de amor ("é porque te amo que fico com raiva"); o capital nunca punirá um pai ou marido que use a violência como forma de disciplina no âmbito da *sua* família.

Essas três ordens de pensamento foram importantes na rede internacional de luta pelo trabalho doméstico assalariado. A primeira coisa que nos perguntamos foi: como podemos subverter essa naturalização da figura da mulher? Como pôr fim a esse enorme fluxo de trabalho não remunerado, a todo esse dispêndio de trabalho não reconhecido? Nossa Campanha pelo Salário para o Trabalho Doméstico partia dessa análise e dessas exigências. Todavia, ela foi mal interpretada como uma mera demanda sindical de natureza compensatória, como se estivéssemos dizendo: "Deem-nos dinheiro e continuaremos a cozinhar". Frequentemente nos acusaram de querer levar as relações capitalistas para dentro de uma área tida como livre delas, afirmando que exigir salário para o trabalho doméstico significava consolidar a disciplina capitalista dentro da família; deveríamos, sim, lutar pelo socialismo, que teria socializado o trabalho doméstico. Mas a crítica mais frequente era a de que o trabalho doméstico não é um trabalho que produz capital. Nossa análise, segundo a qual o trabalho doméstico é "trabalho produtivo", pois (re) produz a força de trabalho, era hostilizada, sobretudo por parte dos companheiros de esquerda.

Quando, porém, participávamos de reuniões em que estavam presentes mulheres proletárias, as reações eram completamente diferentes. Elas sabiam bem em que consistia esse trabalho e concordavam plenamente conosco. Diziam-nos estar cansadas de depender do marido porque ele trazia dinheiro para casa, e que era injusto que trabalhassem o dia todo, o ano todo, até no Natal, ou melhor, ainda mais no Natal, sem nunca ter férias, sem nunca se aposentar. As mulheres proletárias ficavam contentes ao perceber que alguém enxergava o seu trabalho. Nossos argumentos deram visibilidade ao trabalho das mulheres pela primeira vez, e isso abriu novas perspectivas quanto ao poder social delas.

Em resposta a essas críticas, provenientes sobretudo das companheiras que definiam o trabalho doméstico como um trabalho pré-capitalista, eu e Leopoldina Fortunati decidimos retraçar os processos que estruturaram o trabalho de reprodução ao longo da história do capitalismo (Federici & Fortunati, 1984). Antes de tudo, começamos a reler Marx, registrando mais uma vez como ele constrói uma história do desenvolvimento do capitalismo exclusivamente centrada na organização do trabalho industrial, na fábrica e no trabalho assalariado. Marx, assim, não nos dava instrumentos para entender o que acontece com a reprodução, ou seja, com a sexualidade e com a procriação na passagem da sociedade feudal para a sociedade do capital. A partir daí iniciamos um trabalho de análise histórica que produziu dois livros: *Il grande Calibano* [O grande Calibã], publicado com Leopoldina Fortunati em 1984, e *Calibã e a bruxa*, que publiquei em inglês em 2004.

Nesse último trabalho, parti do estudo do século XX, da Revolução Industrial e, ao fim do século XIX, da construção da família nuclear e do regime que defini como "o patriarcado do salário" (Federici, 2020b). Todavia, logo percebi que, para compreender em que medida o processo de reprodução social foi transformado pelo capitalismo, seria necessário retornar às "origens". Precisava rever a história das mulheres na sociedade medieval e compreender as razões da assim chamada "transição" ao capitalismo, aproximadamente nos séculos XV, XVI e XVII. Onde estavam as mulheres nesse período? Assim nasceu *Calibã e a bruxa* (Federici, 2015 [2023]). Nesse livro, refiro-me constantemente à história do desenvolvimento do capitalismo contada por Marx no célebre capítulo sobre a acumulação primitiva, no final do primeiro volume de *O capital*. Marx sustenta que a acumulação capitalista precisou de uma etapa de preparação, isto é, um período em que se criaram condições propícias ao advento do modo de produção capitalista: um proletariado despossuído, separado da terra e dos bens materiais necessários à sua sobrevivência; a colonização do assim chamado "Novo Mundo"; e o tráfico de escravizados. Na verdade, Marx pouco fala desses últimos dois processos, concentrando-se quase exclusivamente na formação do trabalho industrial.[4] Ele também negligencia outro processo fundamental: a reprodução da força de trabalho, que a partir do final do século XIX cada vez mais se torna um trabalho feminino. Diante de uma história tão complexa, articulada ao longo de vários séculos e de diversos modos, decidi, como disse, retornar às origens, estudar o que determinou a crise do mundo feudal e o surgimento do capitalismo, a fim de poder compreender, assim, as razões das transformações advindas do processo de reprodução e das relações entre homens e mulheres.

4 Mesmo reconhecendo a dívida como um instrumento do Estado e das nações para a acumulação, Marx a discute apenas superficialmente. Mas se trata de um elemento do qual é importante falar na atualidade, pois a dívida desempenha um papel central nas novas formas de acumulação primitiva.

Gravura de 1891 retratando episódio das guerras camponesas da Alemanha, entre 1524 e 1526.

ACUMULAÇÃO, REPRODUÇÃO E CAÇA ÀS BRUXAS

Calibã e a bruxa começa com uma reflexão sobre as razões do desenvolvimento do capitalismo e sobre a crise do mundo feudal. A tese que o livro propõe se afasta da concepção dominante, segundo a qual o capitalismo surgiu do crescimento da economia urbana em vários países europeus, impondo-se pouco a pouco sobre a economia feudal, e da expansão dos mercados internacionais. Um fator-chave nesse contexto teria sido o avanço do poder otomano no século XV, que, ao bloquear as rotas de acesso ao Oriente, obrigou os mercadores europeus a buscar vias alternativas. Daí a colonização de várias áreas na América hoje dita "Latina" e a chegada de rios de prata à Europa, que impulsionaram a monetarização da economia. Essa é a teoria formulada por Fernand Braudel e Henri Pirenne, os maiores estudiosos das origens do capitalismo. Mas minha pesquisa me fez concluir que a crise do feudalismo foi provocada sobretudo por um longo processo de lutas camponesas e artesãs que, na Baixa Idade Média, se converteram em verdadeiras guerras, as quais não apenas puseram fim à servidão como provocaram uma crise severa do sistema econômico feudal. Ao encontro da tese do historiador francês Pierre Dockès (1982), segundo a qual os patrões não mudam o modo de exploração a menos que sejam obrigados, sustento que o capitalismo nasceu como uma contrarrevolução. Não foi, portanto, um fator de progresso social, como se depreende da consolidação do trabalho assalariado. Na verdade, produziram-se novas formas de escravização, um processo que continua até hoje, embora sob formas mais disfarçadas.

Foram as lutas sociais da Baixa Idade Média – as lutas dos camponeses contra os serviços (*labor services*) e tributos obrigatórios a que eram periodicamente submetidos pelos senhores feudais, devido à sua condição servil – que obrigaram o poder feudal na Espanha, na Inglaterra e na França a buscar novas modalidades de exploração e novos territórios a serem conquistados. No século XV, essas lutas cotidianas se tornaram conflitos abertos, envolvendo também artesãos e outros súditos rebelados contra o poder feudal. Exemplos de guerras camponesas são a mobilização das *remensas* na Catalunha, que durou cerca de trinta ou quarenta anos (Hilton, 1998, p. 132-3), e a guerra dos camponeses na Alemanha, da qual Engels (2014 [2010]) também fala. Como escrevi em *Calibã e a bruxa*, apesar de provocadas por conflitos locais, com o tempo essas lutas produziram visões utópicas de um mundo igualitário, frequentemente expressas na linguagem da heresia. Se olhamos, por exemplo, para as heresias dos cátaros e dos valdenses, vemos que elas exprimiam uma forte oposição ao poder da Igreja e dos senhores, além de denunciar a corrupção eclesiástica, contestando o direito da Igreja de acumular riqueza e insistindo no fato de que "Cristo não tinha propriedades". A heresia foi um fenômeno político, não apenas religioso. Nas fogueiras não queimaram somente dissidentes religiosos, mas também os promotores de uma concepção diferente da ordem social.

Aprender essa história – que, assim como a caça às bruxas, nunca é ensinada nas escolas, nem mesmo na universidade (ao menos nos tempos em que eu a frequentava) – me mostrou uma Idade Média muito diversa daquela que me fora apresentada. A sociedade medieval não constituía um mundo estático, no qual cada um sabia seu lugar na hierarquia social; foi um mundo de intensas "lutas de classes", que devemos levar em conta para compreender também o contexto social no qual se desenvolveu a perseguição contra a feitiçaria. É evidente, por exemplo, a estreita relação entre a imagem do "sabá" – a grande reunião noturna na qual, segundo os demonólogos, as bruxas se juntavam para preparar suas malvadezas – e as assembleias noturnas organizadas pelos camponeses para planejar as revoltas durante o período das grandes guerras camponesas. Relembremos que, nas lutas contra o cercamento das terras na Inglaterra, as mulheres estavam nas primeiras fileiras e que, do Friuli à Catalunha, os camponeses rebelados se reuniam à noite – o que era associado no imaginário burguês à criminalidade.

No século XV, a sociedade feudal perdeu a capacidade de se reproduzir. Entre os fatores dessa decadência devemos incluir a grande crise demográfica causada pela peste negra, que dizimou mais de um terço da população europeia,[5] depopulando regiões inteiras

5 Uma crise demográfica que irá depois se reproduzir no "Novo Mundo", com a chegada dos colonizadores e a dizimação das populações indígenas, um massacre de proporções apocalípticas.

e gerando novas formas de insubordinação, a começar pela ocupação das terras senhoriais pelos camponeses ou servos. Depois da peste, aumentou o número de servos que se recusavam a prestar os serviços e as obrigações devidos na economia feudal. Não é, então, pura coincidência que o capitalismo tenha mostrado desde o início um forte interesse pelo crescimento demográfico, considerando a natalidade e a mortalidade como fatores-chave do funcionamento da economia.

O capitalismo nasceu de uma série de estratégias que os proprietários de terra, a Igreja e os mercadores puseram em prática para confrontar a crise da autoridade sobre o trabalho. Em Marx, encontramos uma análise potente, porém parcial, desse processo. Marx fala da expulsão dos camponeses das terras que ocupavam e da colonização da América; esta última levou à exploração das famosas minas de prata de Potosí, que direcionou à Europa grandes fluxos desse metal e acelerou a mercantilização da terra. Marx também reconhece a centralidade do tráfico de escravizados no desenvolvimento do capital. Mas em sua análise faltam dois grandes temas, indispensáveis para entender o significado da acumulação primitiva. Primeiramente, as mudanças ocorridas, ou melhor, impostas às atividades reprodutivas mais essenciais à vida humana: sexo, procriação, trabalho doméstico, cuidados da infância. Na passagem ao capitalismo aconteceu uma drástica diferenciação na relação produção/reprodução, que na economia feudal e comunal eram unidas. O advento do capitalismo as separou não somente com respeito aos lugares onde se desempenhavam essas atividades, mas sobretudo com respeito às relações sociais que as sustentavam. Tal separação se tornou uma característica do sistema econômico capitalista, que, com o tempo, distanciaria cada vez mais a fábrica da casa, e o trabalho assalariado da sombra da reprodução, a qual – não assalariada, feminilizada, invisibilizada, definida como exterior à "economia" – se transformou numa prerrogativa das mulheres, senão em sua prisão.

Também falta na análise marxiana da acumulação primitiva a história da caça às bruxas, uma perseguição sem precedentes que perdurou por quase três séculos na Europa e que desde o início se estendeu a seus territórios coloniais.

O objetivo que inicialmente guiou a pesquisa realizada com Leopoldina Fortunati em *Il grande Calibano* e, em seguida, meu trabalho em *Calibã e a bruxa* foi reintegrar essa realidade social ausente em Marx à análise do desenvolvimento do capitalismo e mostrar que este advém não somente da formação de um proletariado despossuído, da colonização e da escravização de populações inteiras, mas também da separação entre produção e reprodução, entre salário e não salário, entre a criação de novas hierarquias do trabalho e novas formas de patriarcado baseadas na desvalorização do trabalho feminino.

Esses fenômenos devem ser necessariamente lidos em conjunto. Do contrário, a caça às bruxas pode parecer um episódio de loucura coletiva. Se colocada contra o pano de fundo das profundas mudanças socioeconômicas contemporâneas desse feminicídio, e particularmente contra o pano de fundo das transformações nas condições de vida das mulheres, a caça às bruxas se revela um fenômeno fundamental na formação da sociedade capitalista. A perseguição serviu para destruir o poder social das mulheres, para criar uma nova e desigual divisão sexual do trabalho e um novo patriarcado que codificou o poder do homem inclusive nas camadas proletárias, conferindo ao Estado o controle do corpo das mulheres.

Em *Calibã e a bruxa*, conecto a caça às feiticeiras a quatro grandes processos que se desenrolavam nessa fase histórica. Em primeiro lugar, o cercamento das terras, agravado pela inflação dos preços, em grande parte atribuída à chegada da prata da América, o que deu enorme impulso à expansão das relações monetárias, causando empobrecimento e fome em massa. Assim como a expulsão dos camponeses, a perda de acesso à terra e a inflação atingiram, sobretudo, as mulheres, especialmente as idosas, privando-as de todas as formas de sustento num contexto de desagregação das relações comunitárias. Não por acaso, as assim chamadas "bruxas" eram mulheres pobres, vagabundas e velhas, muitas delas viúvas, que pediam ajuda aos vizinhos e, diante da recusa, os amaldiçoavam, sendo depois acusadas de todos os males que podiam acontecer a essas pessoas.

A caça às bruxas também teve um papel fundamental como dispositivo de disciplinamento da sexualidade feminina e da relação das mulheres com a procriação. A bruxa é uma mulher considerada hostil à vida, que usa artes demoníacas para destruir a colheita dos vizinhos, que serve ao diabo e se encontra periodicamente com outros entes malignos para conspirar e satisfazer sua luxúria desenfreada em rituais orgiásticos. A bruxa é, sobretudo, a mulher acusada de matar crianças e castrar homens, congelando seus espíritos vitais de modo que se tornem incapazes de procriar. Por trás dessas acusações se escondia a intervenção do Estado e das novas classes burguesas, que começavam a enxergar significado e valor econômicos no aumento da população. Assim como as terras, o corpo feminino também foi cercado, no sentido em que a caça às bruxas e a concomitante introdução de leis restritivas para o controle da procriação expropriaram as mulheres do próprio corpo, da própria sexualidade e também da solidariedade de outras mulheres – solidariedade que vigorava nas comunidades rurais e urbanas medievais, quando todo o trabalho feminino era realizado coletivamente. A caça às bruxas serviu para impor às mulheres a maternidade forçada e a castidade obrigatória, pois uma sexualidade feminina não controlada e não exorcizada parecia perigosa enquanto elemento subversor da disciplina do trabalho e das relações de classe. A necessidade de disciplinar a sexualidade feminina se intensificou com o advento do capitalismo, porque, mais do que qualquer outro sistema de exploração, este transforma o trabalho na fonte primária de riqueza e, assim, em cada período histórico, disciplina e arregimenta a vida instintiva dos trabalhadores – sobretudo das mulheres. Aos homens, de fato, enquanto "trabalhadores", produtores de capital, o capitalismo reconheceu, ainda que de forma limitada, o "direito ao sexo", contanto que o desejo sexual e sua satisfação fossem canalizados para estruturas "produtivas", como a família nuclear ou o bordel. A bruxa, no entanto, é a feiticeira que seduz os homens, anulando sua vontade própria. As mulheres que seduziam homens da classe superior costumavam ser acusadas de bruxaria, pois era inconcebível que um senhor se apaixonasse por uma serva; assim, os amigos e a família do homem acusavam a mulher de o ter enfeitiçado. A sexualidade feminina, se não fosse dirigida para fins de procriação, era considerada perigosa para a nova burguesia. A mulher que copula com o demônio e que, durante o sabá, voa com as cabras, símbolos da sexualidade desenfreada, entra em um processo de animalização da sexualidade feminina, fruto da imagem da mulher como "irracional".

A caça às bruxas desvalorizou a mulher como sujeito social e investiu contra seu poder social. Entre as mulheres acusadas de bruxaria figuravam com frequência as *medicotte*, que até o Renascimento ofereciam tratamentos populares para pessoas e animais doentes em toda a Europa. Era um ofício para muitas mulheres, e continuou a sê-lo até recentemente. Essas mulheres conheciam os poderes de várias ervas, às vezes mantinham um jardim, e seus remédios eram um misto de conhecimentos reais, esconjuros e preces. Ainda hoje, na Espanha e na América Latina, a *medicotta* sobrevive na figura da curandeira, também ela atacada como bruxa por seitas cristãs fundamentalistas – os novos conquistadores e inquisidores. Tal como as *medicotte*, as parteiras eram suspeitas de bruxaria e acusadas de ajudar as mulheres a abortar; eram vítimas da ascensão, nesse período, do médico profissional, reconhecido pelo Estado por meio da concessão de uma licença.

Não menos importante, a caça às bruxas teve um papel importante no processo de colonização, contribuindo para fomentar ideologias e práticas racistas. A caça às bruxas de fato foi levada ao "Novo Mundo" por missionários e conquistadores, sobretudo nas regiões andinas, difundindo-se depois nas plantações com mão de obra escravizada do Brasil, da Colômbia e do sul dos Estados Unidos. Nas Américas, as acusações atingiram os cultos trazidos da África por escravizados e escravizadas, os quais lhes permitiam sobreviver e sustentavam suas revoltas. Esses cultos foram considerados demoníacos, e os escravizados africanos, representados como demônios, assim como os povos indígenas. No fim do século XVI, Cotton Mather, um dos magistrados do grande processo de Salem, atribuiu o aparecimento de bruxas na colônia britânica exatamente à presença dos indígenas americanos.

Com a caça às bruxas, erradicou-se um universo de práticas e crenças que atrapalhavam a exploração do trabalho e da natureza e promoviam uma visão de mundo incompatível com os pressupostos da acumulação capitalista. Disciplinar as mulheres foi fundamental para esse objetivo. Com efeito, a caça às bruxas era, antes de tudo, um ataque a toda a população feminina. Nunca, ao longo da história, acusações tão terríveis e inacreditáveis foram movidas contra um grupo de pessoas. Como se disse, as bruxas foram acusadas de ser inimigas da sociedade, inimigas de Deus e da humanidade; de serem servas do diabo, hostis à vida, possuídas por uma inveja e uma luxúria sem limites; de participar de orgias e comer cadáveres de crianças. Torturadas sem piedade, choravam, berravam a própria inocência, mas no fim eram obrigadas a confessar. Tais confissões seriam depois usadas pelos demonólogos, os "grandes intelectuais" da época, para construir um discurso sobre a bruxa e afirmar que as mulheres têm mais propensão que os homens a ser seduzidas pelo diabo, porque não dispõem de razão e não controlam suas paixões, assemelhando-se, assim, a animais.

Inevitavelmente, a caça às bruxas teve profundas consequências para a condição das mulheres. Primeiro, elas foram proibidas de viver sozinhas, o que havia sido possível nas cidades medievais. Foram obrigadas a morar com um patrão ou um marido, se proletárias, ou com um guardião, se das classes altas. Foram encorajadas a dedicar sua atenção ao marido e aos filhos, em vez de cultivar amizades femininas. Um indício da desaprovação com que se começaram a ver as amizades femininas são as mutações da palavra *gossip*. Na Idade Média, *gossip* designava a "amiga do coração": era a comadre, a amiga de todos os dias. Porém, no arco de um século e meio, o significado mudou radicalmente: *gossip* se torna sinônimo de "linguagem vazia", "fofoca" e, no pior dos casos, "linguagem maligna", o que é indicativo de uma desvalorização do saber das mulheres e de suas formas de comunicação e transmissão de conhecimento. Também nesse período, como eu disse, as parteiras começaram a ser marginalizadas em favor do médico profissional, reconhecido por meio de uma licença do Estado. Com a consolidação do capitalismo, o mundo da bruxa foi destruído, o perigo, afastado, e a crença na bruxaria passa a ser definida como uma superstição medieval. Trata-se de uma narrativa que não somente apaga a responsabilidade do capitalismo por essa perseguição atroz como também desloca a caça às bruxas para a margem da história.

Foi preciso esperar o movimento feminista dos anos 1970 para que a caça às bruxas fosse reconstruída como fenômeno fundamental da formação da Europa "moderna" e do mundo colonial. Até aquele momento, esse tema era apanágio de um pequeno grupo de historiadores. Nenhum estudante, em nenhum nível escolar, aprendia que, durante três séculos, em vários Estados europeus, queimaram-se ou enforcaram-se mulheres nas praças dos vilarejos e das cidades sob a acusação de serem servas do demônio. A bruxa havia entrado no imaginário popular, mas apenas como mito, folclore, lenda. Atualmente, a caça às bruxas é uma verdadeira atração turística. Nos lugares onde ocorreram grandes execuções – País Basco, Inglaterra e Salem, nos Estados Unidos, para dar alguns exemplos –, as lojas de suvenires vendem bonecas de bruxas, representadas como velhas de rosto satânico ou jovens com seios avantajados. Por isso, há alguns anos, na Espanha, de Madri a Pamplona, com a ajuda de várias companheiras feministas, temos levado adiante um projeto de recuperação da história da caça às bruxas, com a convicção de que isso significa não apenas entender como ela pôde acontecer mas também como formatou a posição das mulheres na Europa, e por que hoje a figura da bruxa retorna sob diversas formas. Agora, de fato, na África, na Índia e em outras partes da Ásia, a caça às bruxas tem revivido ao lado de processos de criminalização de comportamentos femininos que dizem respeito à sexualidade e à procriação. Nosso projeto recupera a história das bruxas para tirá-la do isolamento e das mãos dos especialistas acadêmicos. Estou convencida de que o estudo desse passado é fundamental para compreender o presente, porque a perseguição às bruxas sedimentou formas legais, jurídicas, sociais e ideológicas que continuam a funcionar perversamente até hoje.

3

Família de vagabundos.
Lucas van Leyden, *Os Mendigos*,
1520, gravura.

A ORGANIZAÇÃO DA REPRODUÇÃO NA LONGA TRANSIÇÃO AO CAPITALISMO

A caça às bruxas representou um momento fundamental para a reorganização das atividades ligadas à reprodução: as relações familiares, sexuais e aquelas que dizem respeito à procriação. A partir do século XVI, a reconfiguração da esfera da reprodução caminhou lado a lado com as fases de desenvolvimento da sociedade capitalista, correspondendo, assim, às mutações do processo de produção e de formação da classe trabalhadora. Antes de analisar essas transformações, porém, gostaria de abordar o conceito de patriarcado do salário e definir a relação entre patriarcado e capitalismo.

Um dos pressupostos da minha perspectiva teórica, desenvolvida no contexto da Campanha pelo Salário para o Trabalho Doméstico e depois retomada no trabalho sobre a caça às bruxas, é que, não obstante o fato de a sociedade, os sistemas econômicos e os sistemas patriarcais de exploração preexistirem ao capitalismo, foi dentro dele que as relações patriarcais assumiram novo caráter, novas funcionalidades e novos caminhos, sustentando-se sobre diversos mecanismos. É nesse sentido que falo de patriarcado do salário: na história do capitalismo, as relações monetárias e salariais – e, portanto, também legais e concernentes a muitas práticas institucionais – criaram e apoiaram as relações patriarcais. Uso o termo "patriarcado do salário" para frisar que a diferença entre salário e não salário desempenhou um papel muito importante na criação de uma nova divisão sexual do trabalho e das relações de subordinação das mulheres aos homens, em um sistema de supremacia masculina.

Por exemplo, é por meio do salário que o Estado e o capitalismo constroem o mecanismo de delegação do disciplinamento ao trabalhador assalariado em geral, e especificamente ao marido, transformando-o em representante do Estado dentro da família: o marido é aquele que impõe o trabalho doméstico, controla sua qualidade, seus ritmos e capacidades e assume o poder sobre a mulher. É por esse motivo que a violência doméstica sempre foi tolerada e que foi preciso esperar que o movimento feminista a definisse como tal. Também foi preciso esperar que o movimento feminista dos anos 1970 estabelecesse a existência do estupro dentro da família – até aquele momento falava-se de "incesto", já que se considerava que, por meio do contrato matrimonial, o homem se tornava senhor absoluto do corpo da mulher e podia lhe impor, a qualquer momento e em qualquer situação, uma relação sexual: aos olhos do Estado, a mulher que se recusava a satisfazer o marido rompia uma das condições fundamentais do contrato matrimonial, a qual prevê sua completa disposição aos serviços domésticos e sexuais para o cônjuge. Foi o movimento feminista que decretou que se casar não equivale a perder o controle de si.

As relações patriarcais nascem sempre, na minha opinião, em contextos de sistemas sociais baseados na exploração das pessoas e do trabalho humano.[6] Não existe um patriarcado separado de um sistema social de exploração e de um sistema de acumulação de riqueza diferenciado – porque, evidentemente, na medida em que existe uma relação de exploração das pessoas, a mulher, o corpo da mulher e a procriação são percebidos como riquezas. Isso se verifica também nas sociedades pré-capitalistas, mas ocorre sobretudo no capitalismo, que vê o trabalho como fonte primordial da riqueza.

A meu ver, essa é a direção que devemos tomar na análise da relação entre patriarcado e capitalismo. Do contrário, precisamos imaginar que os homens possuem certas propensões psicológicas, culturais e biológicas, o que é muito problemático.

É claro que existem outras perspectivas. Algumas antropólogas de tendência marxista relacionam a origem das relações patriarcais ao desenvolvimento da agricultura, porque as novas formas de acumulação de riqueza exigiam mais mão de obra e a possibilidade de transmitir a riqueza ao longo do tempo. Outros estudos relacionam a origem dos sistemas de dominação de caráter patriarcal ao desenvolvimento da tecnologia dos metais: a extração mineral estaria ligada à formação de sociedades hierarquizadas, já que os metais, sobretudo o ouro, se tornaram símbolos de poder por não perder seu valor.

6 Esse é um argumento muito vasto, no qual não busquei adentrar senão em linhas muito gerais e de modo, por assim dizer, bastante superficial.

Após essa breve reflexão sobre o conceito de patriarcado do salário e sobre a relação entre patriarcado e capitalismo, analisarei alguns momentos-chave da reorganização da esfera da reprodução, concentrando-me em particular na Inglaterra e nos Estados Unidos, os faróis do desenvolvimento do capitalismo.

MANUFATURA, GRANDE INDÚSTRIA E CRISE DA REPRODUÇÃO

O primeiro momento a ser considerado é o período que vai da dissolução do sistema feudal à Revolução Industrial. Foi uma fase de transição, em que se forjaram as relações fundamentais da sociedade capitalista. Nesse período, vemos a dissolução da comunidade servil na economia feudal e do sistema de guildas nas cidades, a redefinição das relações de gênero e a construção de uma nova divisão social do trabalho. Uma característica fundamental desse período é que as duas componentes da reprodução social – a produção e a reprodução, indivisíveis na sociedade feudal – começaram a se dissociar com a criação das relações de mercado. Durante o feudalismo, a produção, tal como o trabalho agrícola, era simultaneamente reprodução, pois servia para reproduzir a comunidade de servos e a corte dos senhores a quem pertencia a terra. Os servos, assim, conseguiam se sustentar através do acesso direto à terra e do uso coletivo de pastos e bosques, de onde tiravam lenha, de lagos e de outros bens comunitários. A produção agrícola ou artesanal não se destinava ao mercado, mas ao consumo da família e ao pagamento de tributos – geralmente in natura – aos senhores do território. Vendia-se o produto excedente aos mercados locais. A produção, então, era simultaneamente reprodução, já que era destinada à subsistência.

Com o advento da economia de mercado, houve uma mudança radical. Mudou, antes de tudo, o próprio mercado. Foi apenas com a formação de um proletariado sem terras e sem outros meios de subsistência, obrigado então a depender da posse de dinheiro para sobreviver, que o mercado (assim como o dinheiro) começou a funcionar de forma capitalista e, portanto, como condição de acesso aos meios de reprodução. A existência tanto do mercado quanto do dinheiro precedeu a do capitalismo, mas eles tinham funções diversas. Com o advento do capitalismo e a privatização dos meios de (re)produção, o mercado se tornou não apenas um lugar de troca, mas um lugar de seleção, exclusão e (indiretamente) exploração. O desenvolvimento do mercado permitiu a separação entre produção e reprodução, construída a partir da exclusão das mulheres do trabalho assalariado e de seu confinamento ao trabalho doméstico – que deixa de ser considerado um trabalho para ser definido, em vez disso, como uma atividade natural, quase biológica, e uma prerrogativa feminina.

A partir dos séculos XVI e XVII, torna-se difícil para as mulheres ter acesso ao trabalho assalariado. Se antes do advento do capitalismo as mulheres tinham presença nas artes e exerciam várias profissões, trabalhando, por exemplo, como parteiras, a partir do século XVI passaram a ser submetidas a um processo de exclusão que sancionou sua subordinação social e a dependência do homem. É o homem quem agora tem direito ao salário, é o marido quem recebe o salário também pela esposa quando a mulher está dentro de uma relação salarial, como por exemplo na indústria doméstica e depois, no século XIX, no trabalho fabril.

Durante a primeira fase do desenvolvimento capitalista, predominava o sistema de produção têxtil organizado em bases domésticas, também definido como sistema de *put out*, porque os instrumentos de trabalho e o material bruto a ser trabalhado (fio de algodão, lã) eram distribuídos – *put out*, exatamente – pelos mercadores a vários núcleos familiares, dos quais depois recebia o produto têxtil acabado. Na Inglaterra, a produção têxtil se deslocou, no século XVI, das áreas urbanas para as áreas rurais, aproveitando a abundante força de trabalho disponível após o processo de cercamento das terras e de expulsão dos camponeses. Nesse contexto, a família se tornou o centro da produção e da reprodução. No entanto, o trabalho de reprodução na verdade diminuiu, pois toda a família estava ocupada tecendo. Essa primeira fase do desenvolvimento capitalista, na qual a produção ainda era organizada na esfera doméstica, chegou até o final do século XVIII. Em seguida surgiram as manufaturas onde a produção, ainda não mecanizada, se realizava em galpões, que concentravam mais operários.

Nos séculos XVII e XVIII, por causa do empobrecimento geral, aumentou enormemente a prostituição, que começou a ser criminalizada e vista como um mundo separado, quase clandestino. A prostituta se tornou a *mulher ruim* a ser evitada e marginalizada. A bruxa que se vende ao demônio remete à prostituta, também demonizada; ambas são a encarnação de tudo aquilo que a mulher não deve ser. O destino das bruxas, assim como o das prostitutas, servia para ensinar às mulheres um código de conduta: ser castas, obedientes, confinadas em casa. A bruxa e a prostituta são figuras complementares; a prostituta, além disso, era necessária nessa fase porque muitos homens não conseguiam se casar, dadas as suas condições de vida miseráveis.

No século XVII, a vagabundagem também cresceu. O vagabundo era o camponês expropriado, que sobrevivia da mendicância, às vezes se unindo a outros ou se transformando em malfeitor. A desintegração da comunidade servil e do artesanato urbano também produziu o fenômeno da migração. Costumam ser os trabalhadores especializados que migram, também a outros países, em busca de fortuna. As mulheres, como vimos, sobretudo as idosas, que então muitas vezes viviam sozinhas, igualmente sobreviviam da mendicância – mas sua história é diferente e se cruza com a história da perseguição das assim chamadas "bruxas".

A prostituta e o vagabundo – também este um camponês expropriado, um homem empobrecido que não foi absorvido pela economia mercante – são, na Europa, as grandes figuras desse período histórico, representantes emblemáticos das mutações produzidas desde o fim da economia e das relações do mundo feudal, um mundo em que idosos, por exemplo, eram tutelados pelos filhos, aos quais transmitiam o uso da terra e o acesso a vários direitos consuetudinários. Na nova sociedade do capital, os velhos das camadas proletárias serão abandonados e, na condição de mendigos e vagabundos, perseguidos.

A partir do final do século XVIII, com o desenvolvimento da fábrica, verifica-se uma mudança radical – embora breve – na relação produção/reprodução. O recrutamento dos camponeses e artesãos expropriados não supria a avidez de força de trabalho para a produção industrial. Nos centros industriais do norte da Inglaterra, também a mulher e os filhos ingressaram nas fábricas – as crianças entravam debaixo das máquinas para desembaraçar os fios de algodão –, mas era o marido, como já dito, quem, em uma primeira fase, recebia o salário e negociava com o patrão o valor do trabalho de toda a família. Por isso, Marx, no primeiro volume de *O capital*, lamenta que o trabalhador assalariado tenha se transformado em um vendedor de carne humana. O poder do pai-patrão de contratar o trabalho de todos os membros da família sobreviveu até a segunda fase da Revolução Industrial, quando a relação salarial se individualizou e os jovens – homens e mulheres – se emanciparam, deixando a família; esta, então, parece ter se desagregado como lugar de organização da reprodução durante a Revolução Industrial.

No final do século XVIII começou a era da grande indústria, possibilitada pelo desenvolvimento tecnológico, assinalando uma reviravolta nos conflitos que permeavam a organização doméstica do trabalho. As lutas do proletariado, na primeira fase do capital, se direcionavam à reapropriação de bens confiscados. No caso da indústria doméstica, a luta consistia em uma silenciosa apropriação dos materiais distribuídos pelos mercadores e de parte do produto final. A passagem à manufatura, ou à produção dentro de galpões nos quais mais trabalhadores eram reunidos, respondeu, assim, à necessidade de mais controle sobre o trabalho. Trata-se de um processo inverso ao atual, que, em resposta à explosão da luta operária contra a disciplina da fábrica, dissolve as concentrações operárias.

Com a grande indústria, a crise do processo de reprodução se acentuou. Retomando Marx, podemos dizer que foi no período entre o final do século XVIII e meados do século XIX que o desenvolvimento industrial se estabeleceu em um regime de extração do *mais-valor absoluto*, isto é, exploração absoluta. A acumulação de riqueza e a exploração foram organizadas de forma ilimitada, com o prolongamento da jornada de trabalho até os limites da resistência física e a redução dos custos de produção mediante a máxima compressão dos salários. Nessa fase, toda a família, inclusive as crianças a partir de quatro anos, entrava na fábrica de manhã e saía à noite, após quinze ou dezesseis horas de trabalho com salário de fome. Somente depois de uma longa luta, na Inglaterra, as mulheres conquistaram uma jornada de seis ou sete horas, aos sábados à tarde, para poder fazer as tarefas domésticas. Estava em curso, então, uma gravíssima crise da reprodução, tão séria que já no final do século XIX o capitalismo foi obrigado a mudar a forma desse regime.

Tais eram as condições de vida do proletariado industrial, eficazmente descritas por Engels em *A situação da classe trabalhadora na Inglaterra* (1845 [1972, 2007]); os socialistas, nesse período, falavam em *wage slavery* [escravização por salário] para denunciar tanto a perda de controle dos operários sobre a própria vida, uma vez que estavam diariamente acorrentados às máquinas, quanto as miseráveis condições de sua reprodução, dados os impossíveis horários de trabalho e a ausência de bens com os quais se reproduzir.

Foi o período da formação de *slums* nas áreas industriais, produto do grande processo de urbanização que se seguiu à expropriação dos camponeses das lavouras. Os *slums* eram guetos operários onde a ausência de mínimas condições de higiene, a falta de esgoto e a aglomeração de muitas pessoas em poucos cômodos favoreciam a disseminação de epidemias. Assim, na metade do século XIX, nos centros industriais da Inglaterra – como Manchester, por exemplo –, a expectativa de vida de um operário de fábrica não passava de quarenta anos. É a imagem de um capitalismo que consumia a força de trabalho assalariada da mesma forma que exauria a vida dos escravizados nas plantações americanas, fazendo-os trabalhar até a morte. Enquanto governos e patrões dispuseram de um fluxo contínuo de cativos sequestrados na África, não precisaram se preocupar com sua reprodução, torturando-os, matando-os com penas atrozes a qualquer sinal de resistência e explorando-os brutalmente até o último suspiro. Ainda que com grandes diferenças, essa metodologia também foi usada nas primeiras áreas industriais, pondo em funcionamento um processo de acumulação baseado na exploração ilimitada, para além da possibilidade de reprodução da vida.

Nesse período, a prostituição atingiu níveis altíssimos, fosse como trabalho exclusivo ou complementar ao da fábrica. Nascia assim a operária-prostituta, e a mortalidade infantil alcançou picos extremos, tanto pela falta de tempo para o cuidado das crianças quanto pelas condições de vida miseráveis.[7]

Ainda no primeiro volume de *O capital*, vemos que, a partir de 1840, nos grandes centros industriais, o Estado e os setores mais visionários do capital começaram a dar sinais de alerta. Marx cita relatórios de médicos e inspetores enviados pelo governo às fábricas e aos bairros operários que registraram com alarme a situação de uma classe operária pressionada ao máximo e incapaz de se reproduzir. Começaram aqui os sermões dos inspetores e de parte do capital quanto à grande mortalidade infantil, às epidemias, à falta de higiene; os relatórios também lamentam a total desafeição das mulheres ao trabalho doméstico. Esses relatórios mostram uma dupla preocupação: com a crise que podemos chamar de "biológica" (ou seja, com a alta mortalidade da população e, em particular, com a reprodução deficiente de novas gerações devido à mortalidade infantil) e com o colapso da disciplina, que se traduzia em altos níveis de conflitos e na crescente capacidade organizativa dos trabalhadores.

Os anos 1830 e 1840 viram o nascimento, na Inglaterra, das primeiras organizações operárias e sindicais. Por isso, uma grave ausência de disciplina e um clima difuso de rebelião, sobretudo entre as mulheres, representaram um salto nas formas de organização. Gerava preocupação sobretudo a indisciplina das jovens

7 Há toda uma literatura muito interessante sobre esse período. As mulheres que iam à fábrica davam opiáceos às crianças para que dormissem até elas retornarem. Ver Hewitt (1958, cap. 10).

operárias, que, completamente alienadas de seu papel doméstico, não mais sujeitas à tutela paterna e submetidas a um poder masculino cada vez mais frágil, em especial nas camadas operárias, capazes de se sustentar, ainda que miseravelmente, graças ao salário ganho na fábrica, representavam um foco de insubordinação no âmbito da comunidade operária. Os reformadores burgueses diziam que essas jovens davam bebidas à base de ópio a seus filhos para que não chorassem no trabalho; diziam que eram mulheres rebeldes, a quem a maternidade não interessava; que haviam usurpado as prerrogativas masculinas com sua excessiva autonomia, porque não dependiam dos homens e passavam muitas horas na fábrica com outras mulheres. De fato, o trabalho na fábrica era organizado com base em uma clara diferenciação sexual: as mulheres faziam trabalhos menos especializados e menos remunerados, então, ao ingressar na fábrica, não entravam em um mundo misto no qual desapareciam as diferenças de gênero; ao contrário, acessavam um mundo específico de seu gênero.

O emprego de mulheres como operárias de fábrica durante a Revolução Industrial questionou o modelo de mulher que a burguesia havia desejado construir também através da caça às bruxas. A operária, muitas vezes prostituta, é uma mulher que deixa de oferecer garantias do ponto de vista da reprodução.

A "INVENÇÃO" DO TRABALHO DOMÉSTICO REPRODUTIVO

Tanto na Inglaterra como nos Estados Unidos, entre a segunda metade do século XIX e o primeiro decênio do século XX, uma profunda revolução social se operou na organização da produção e da reprodução. Foi nesse período que o capitalismo construiu o trabalho doméstico no sentido em que o conhecemos hoje, estabelecendo, ainda, uma nova relação entre homem e mulher. Como vimos, essa reforma histórica nasceu da forte preocupação com a intensificação da organização operária e da crescente desafeição das mulheres à reprodução. Em resposta à crise da reprodução e da disciplina social, adotaram-se reformas em geral catalogadas como o "modelo fordista" da reprodução, que funcionou, ainda que com diversas mudanças, até os anos 1960.

É importante reiterar que, no terreno dessa reforma da reprodução, forjou-se uma nova forma de colaboração entre o Estado, o capital e as organizações operárias. Os novos sindicatos e as organizações operárias foram responsáveis pela reivindicação do "salário familiar", isto é, um salário masculino mais alto para financiar a mulher que não trabalha e os filhos. Entre os próprios trabalhadores o consenso não era absoluto, pois os salários eram tão miseráveis que a muitos parecia problemática a ideia de que a mulher ficasse em casa em vez de ir à fábrica. Não obstante, a partir do final do século XIX se adotaram regulamentos estatais que gradualmente excluíram as mulheres das fábricas, além das crianças, enviadas à escola, e aumentaram os salários masculinos de forma a poder reproduzir todos os componentes da família. Muitas mulheres continuaram a trabalhar fora, mas a maior parte em empregos de meio período. Na Inglaterra, entre 1860 e o início do século XX, quando começou o êxodo de crianças e mulheres das fábricas, o salário masculino médio aumentou três ou quatro vezes. Em 1870 foi introduzido o Elementary Education Act [Lei de educação básica], que estabeleceu a obrigação de as crianças frequentarem a escola.

Em termos marxianos, essa reviravolta assinala a passagem da exploração absoluta à exploração relativa – isto é, a passagem de um tipo de produção industrial baseado na exploração absoluta do trabalhador ou da trabalhadora (com pouquíssimo espaço para a reprodução e, assim, pouquíssimo espaço para a família, as relações sexuais etc.) a um tipo de exploração e produção baseado na família e no trabalho doméstico feminino. Nascia, assim, a figura da dona de casa proletária que cuida da casa e do filho, o qual, por sua vez, frequenta a escola para se formar e se tornar um trabalhador mais produtivo e mais disciplinado.

A construção do trabalho doméstico não foi a única inovação favorável à melhoria das condições de reprodução social. Reestruturaram-se não apenas as condições da vida doméstica mas também os aspectos públicos da reprodução: adotaram-se medidas quanto à higiene pública e privada; instalaram-se esgotos nos bairros proletários para combater as epidemias; e nesses mesmos bairros apareceram algumas lojas. Paralelamente à construção da dona de casa, começava o processo de separação entre as figuras da prostituta e da esposa, com a redefinição de suas respectivas tarefas. Em nome da higiene pública, mas também para estigmatizá-las, as prostitutas passaram a ser obrigadas a fazer consultas médicas e a se registrar junto a estruturas do Estado responsáveis por catalogar e definir a prostituição como categoria separada, no limiar da criminalidade.

Essas mutações foram acompanhadas por uma transformação ainda maior nas próprias formas de produção, com a passagem de uma produção baseada na indústria leve (predominantemente têxtil) à indústria pesada. A partir da metade do século XIX, a produção capitalista se voltou cada vez mais para a indústria pesada, ou seja, para a produção metalúrgica e siderúrgica. Esse tipo de produção requeria também um tipo diferente de operário: o trabalhador exangue e raquítico da indústria têxtil, que morria antes dos quarenta anos, não podia ser o mesmo operário da indústria do aço, movida a carvão e fruto da mineração – ainda que, num primeiro momento, as mulheres também trabalhassem nas minas.

Foi nesse período, justamente o da passagem da indústria "leve" à indústria "pesada", que se instituiu o salário familiar e se construiu a família nuclear em torno da figura da dona de casa – que talvez fizesse alguns bicos, lavasse as roupas dos vizinhos um ou dois dias por semana ou alugasse um cômodo para ganhar algum dinheiro, mas nada que tirasse a centralidade de seu papel doméstico, enquanto as crianças começavam a ir à escola, uma escola de classe.

Caso análogo é o dos Estados Unidos, que, no entanto, têm uma história diferente por conta da escravidão. Formalmente, a escravidão terminou entre 1860 e 1870, mas na verdade continuou através das leis Jim Crow, e muitos concordariam em afirmar que persiste até hoje. É sintomático o fato de que, a partir desse momento, tenha sido imposta no país uma legislação contra o aborto. Isso é particularmente significativo se considerarmos que, à diferença da Europa, que vira desde o final do período da caça às bruxas uma grande perseguição a quem abortava, nos Estados Unidos isso não ocorreu até a metade do século XIX. O aborto decerto não era uma prática bem-vista, pois estava ligado à ideia de promiscuidade, mas era legalmente tolerado. A partir de 1860, no entanto, impôs-se uma legislação antiaborto tão feroz que muitas mulheres foram presas não por terem abortado, mas apenas por terem falado sobre aborto e contracepção.

Além disso, nessa fase, as crianças dos bairros proletários começaram a ser afastadas da família. Representantes do Estado iam a esses bairros e, quando identificavam uma família que não estivesse apta a sustentar uma criança, levavam-na embora. Fala-se de fato de "trens de órfãos" que partiam das grandes cidades: eram as crianças sequestradas das famílias pobres, ou dadas pelos pais à adoção. Essa também era uma forma de escravização. Tais práticas persistem até hoje na Itália: há, por exemplo, a *casa del bambino*, onde ficam as crianças que os assistentes sociais tiram das mulheres imigrantes. A Itália, que sempre celebrou a maternidade e as crianças, leva embora de modo infame os filhos de determinadas famílias, dando às mulheres poucos meses para demonstrar ser capazes de mantê-los. Imaginem o que essas mulheres precisam aceitar para comprovar ter condições de sustentá-los. Mães e filhos são impedidos de se ver durante meses, e só podem se encontrar na presença de um assistente social. Há companheiras trabalhando contra esse problema. São coisas horrendas, e espero que o movimento feminista saiba organizar uma resposta adequada, porque não é possível que algo assim continue acontecendo.

Nos Estados Unidos, com o fim da escravidão e do tráfico de escravizados, interrompeu-se o fluxo de mão de obra disponível. Assim, no estado da Virgínia, o governo local e os senhores de escravos montaram um verdadeiro "criadouro de escravizados" (*breeding industry*) através do estupro, forçando as mulheres escravizadas a procriar com outros cativos. Escolhiam-se, então, os escravizados mais fortes, mais promissores do ponto de vista de seu rendimento, que eram conduzidos de plantação em plantação para fecundar dezenas de mulheres. Isso tudo não foi feito pacificamente. Com frequência, as mulheres conseguiam abortar ou matavam os filhos. A Virgínia se opunha, nesse aspecto, a estados sulistas como a Geórgia, que insistiam em importar escravizados da África. É sabido que Thomas Jefferson, futuro presidente dos Estados Unidos, apoiou a proibição da importação de escravizados, não por razões humanitárias, mas em apoio ao programa de "criadouro de escravizados" da Virgínia.

Em termos mais gerais, assistimos nesse período a uma completa reorganização da reprodução e ao nascimento de um novo tipo de família. Trata-se de uma transição importante, com vários aspectos. Em resumo, o modo de produção se transformou com o triunfo da indústria pesada, que precisava de um novo tipo de trabalhador; consequentemente, mudaram o modo de reprodução e, com isso, a relação entre homens e mulheres e entre as próprias mulheres.

FORDISMO E "ECONOMIA DOMÉSTICA"

A mudança em curso foi referendada pelo fordismo, que introduziu uma política salarial para garantir remunerações relativamente altas, porém em troca de um trabalho muito pesado na linha de montagem. A política de altos salários, introduzida por Henry Ford em 1914 com o Five Dollar Day (um salário de cinco dólares por dia para os operários), coincide com uma grande reforma da família.

Nascia a figura da "secretária social", que ia de casa em casa para verificar se as mulheres dos operários mantinham o ambiente limpo; caso contrário, as ensinavam como fazê-lo, além de mostrar-lhes como cozinhar de modo a preparar refeições nutritivas sem gastar tanto. Nas escolas, começa-se a ensinar às meninas a *home economics*, a economia doméstica. Eu também tive essa matéria na Itália, na qual aprendíamos a limpar manchas dos vestidos, por exemplo: nossos cadernos tinham pedacinhos de lã e algodão com manchas de óleo ou de vinho. No ensino fundamental, tínhamos aulas sobre trabalho doméstico durante três anos.

O operário da Ford era com frequência um migrante; vários provinham do campo. Para eles, a linha de montagem, com seus ritmos estritos, era realmente uma tortura. Também nesses casos, os inspetores iam às casas dos trabalhadores para verificar seu estilo de vida e impor-lhes um regime irrepreensível. Com esses controles, a fábrica entrava em casa.

Foi um período de grandes transformações. A legislação diferenciava as mulheres, separando a esposa, mulher "de bem", da prostituta; além disso, teve início um processo pelo qual o trabalho doméstico se expande e assume outras funções. Uma nova tarefa da mulher é o *budgeting*, ou seja, a gestão da parte do salário recebido pelo marido destinada às despesas da casa. A esposa também deve cuidar da educação dos filhos; agora o menino não é mais o operário que vai à fábrica com a família e fuma aos dez anos, mas um sujeito em formação que deve ser educado e disciplinado de modo a adquirir todos os requisitos necessários para se tornar um trabalhador. Entre as tarefas da dona de casa, mais tarde se incluirá o cuidado necessário para se manter sexualmente atrativa. Os jornais começam a dar sugestões sobre como tornar a casa acolhedora para os homens, de modo que voltem ao lar depois do trabalho em vez de ir ao bar ou ao sindicato com os colegas. Por isso, a casa também deve oferecer a oportunidade sexual que antes o homem buscava na prostituta. Não se constrói, então, a figura da esposa como sujeito responsável pela reprodução; em vez disso, ela é ensinada a considerar a reprodução uma tarefa que requer certa especialização, ainda que não remunerada. A *home economics* é a ciência que a capacita a fazer uma refeição nutritiva com pouco dinheiro, a montar um orçamento razoável, de forma a não gastar todo o dinheiro nos primeiros dias do mês, a educar as crianças e assim por diante.

A construção da família nuclear foi um processo longo e acidentado, assinalado primeiramente pela Grande Depressão (1929-1939) e em seguida pela Segunda Guerra Mundial (1939-1945), dois eventos que colocaram em xeque essa organização reprodutiva. A Grande Depressão acarretou altíssimos níveis de desemprego, filas para acesso à caridade, *hobo men* e *women*.[8] A Segunda Guerra, por sua vez, com os milhões de homens que combateram e as mulheres que foram chamadas a substituí-los nas fábricas, sobretudo na indústria bélica, estilhaçou as tentativas fordistas de construir uma sólida família operária, moralmente irrepreensível, organizada para produzir operários capazes de sustentar ritmos de trabalho sem precedentes. Nos anos 1930, com o New Deal, implementado pelo presidente Franklin D. Roosevelt em resposta à Grande Depressão e ao desemprego em massa, e a fim de relançar uma nova fase de acumulação baseada em investimentos estatais a favor da indústria e da reprodução, continuou-se a encorajar a família. Procurava-se introduzir formas de apoio estatal à reprodução para reconstruir o emprego e reestimular a indústria.

É a partir desse ponto de vista que Mariarosa Dalla Costa, em *Famiglia, welfare e Stato tra progressismo e New Deal* [Família, bem-estar e Estado entre o progressismo e o New Deal] (1983), revisita a posição do

8 Vagabundos e vagabundas que partiam em viagens de trem em busca de melhores condições de vida por todas as regiões dos Estados Unidos.

operaísmo e do grupo Potere Operario [Poder operário] acerca do New Deal, representado quase exclusivamente como uma nova fase de investimento capitalista na produção e organização das relações de classe, com o objetivo de demonstrar, em vez disso, a centralidade do trabalho da mulher e da família nessa nova fase de desenvolvimento keynesiano. A dona de casa é a figura central do New Deal porque gerencia o salário do marido — e porque essa gestão é um fator central para o sucesso ou não do investimento estatal na reprodução da classe operária, baseado fundamentalmente na manutenção de um constante equilíbrio entre o investimento estatal na reprodução e a produtividade dos trabalhadores. Uma vez que a produtividade do trabalhador se mede não somente pela quantidade que produz, mas também pela quantidade que consome, reafirma-se a centralidade da esposa, da família e do espaço doméstico. A mulher tem, então, o papel de garantir o equilíbrio entre o que o Estado e o capital gastam para reproduzir a classe operária e a reprodução dos próprios trabalhadores.

O percurso tortuoso que levou à construção da família nuclear tinha como pano de fundo os movimentos e eventos que a acompanhavam desde o fim do século XIX e os primeiros decênios do século XX: o movimento anarquista, a Comuna de Paris, os movimentos socialistas e, mais tarde, o nascente movimento feminista. Este último foi muitas vezes reduzido à mera reivindicação do direito ao voto. Na verdade, em torno da demanda sufragista se desenvolveu um importante movimento de mulheres que eu também chamaria de feminista e que começou não apenas a reivindicar um peso político, com a luta pelo direito ao voto, mas também a formular um programa político e social mais amplo, exigindo os direitos das mulheres à educação, à autonomia legal e pessoal, a uma vida não restrita à casa e ao cuidado da família.

Em *The Grand Domestic Revolution* [A grande revolução doméstica] (1985), Dolores Hayden, urbanista estadunidense e feminista, mostra que, no período entre o final da Guerra Civil nos Estados Unidos (1861-1865) e os anos 1920, houve um movimento de mulheres que ela define como "feministas materialistas" (não confundir com as feministas materialistas dos anos 1960 na França) que, sob vários pontos de vista, lutou para reestruturar a casa e o bairro e pôr fim ao isolamento das mulheres. A iniciativa partiu das socialistas, seguidoras de grandes utópicos como Charles Fourier e Robert Owen, e também de mulheres que agiam em nome de uma visão reformista. Com perspectivas políticas diversas, todas aspiravam a uma organização da reprodução cotidiana que não encarcerasse as mulheres em casa. As fourieristas falavam em amor livre e contracepção e criticavam a supremacia masculina na família; mas as reformistas também propunham uma reestruturação da casa e dos projetos arquitetônicos para, por exemplo, eliminar a cozinha em favor da construção de cozinhas coletivas no térreo dos edifícios. Tratava-se, em alguns casos, de visões políticas limitadas, segundo as quais a libertação da mulher-esposa implicava a contratação de uma trabalhadora migrante para atuar na cozinha coletiva.

Todavia, essa crítica ao isolamento da mulher em casa gerou um novo imaginário político, sufocado nos anos 1920 por uma cruzada repressora, anti-imigração e antissocialista, que não poupou nem mesmo as camadas reformistas.

Foi somente depois da Grande Depressão e da Segunda Guerra Mundial que se relançou, com bases mais sólidas, a família nuclear. A criação do subúrbio, sua base material, foi um projeto político de resposta aos temores suscitados nas classes dominantes pelos movimentos radicais dos anos que precederam o conflito e pelo retorno de um imenso contingente de soldados depois da guerra. Tratava-se de homens que haviam vivido a Grande Depressão e, no front, aprendido a lutar e desenvolvido um forte senso de camaradagem; homens que acreditavam ter combatido pela democracia e retornavam a um país que frustrava suas expectativas. Não por acaso, em algumas situações, tentou-se retardar o retorno das tropas.

Por esse motivo, nasceram os subúrbios que beneficiaram os veteranos brancos, a quem a aquisição de imóveis foi tão facilitada que era mais barato comprar uma casa do que alugá-la. Entre membros do governo, vigoravam as crenças de que quem compra uma propriedade não pode ser comunista, de que a posse de uma casa seria o antídoto mais forte contra a radicalização da classe operária, de que tornar o operário um proprietário era o melhor meio de pacificá-lo.

Com a criação dos subúrbios, o lugar do trabalho se separou ainda mais do lugar do lazer. A casa de subúrbio é pensada politicamente: há o cômodo das ferramentas para o marido, de forma que passe o tempo livre realizando pequenos consertos, como trocar as lâmpadas e cuidar do jardim; há o cômodo para a mulher, onde pode passar roupa e se ocupar de várias tarefas. Em *Redesigning the American Dream* [Reprojetando o sonho americano], Dolores Hayden examina a política que inspirou a criação do subúrbio e a estruturação do espaço doméstico. Quando os Estados Unidos se preparavam para entrar na guerra, iniciou-se a pressão do Estado para que as mulheres deixassem suas casas para produzir armas nas fábricas. Durante a Segunda Guerra Mundial, o país empregou massivos contingentes de mulheres na indústria bélica, sobretudo na Califórnia e no Oregon, onde se concentrava a produção de tanques e bombas. Para incentivá-las, criaram-se centros onde podiam deixar os filhos e a roupa suja de manhã, assegurando-lhes que à noite encontrariam a roupa limpa e os filhos cuidados, além de refeições prontas, de modo a não subtrair tempo da produção bélica.

Porém, quando os homens retornaram da guerra, começou a batalha inversa. As mulheres foram incitadas a voltar para dentro de casa e tachadas de egoístas se não o fizessem; ao mesmo tempo, as instalações que garantiam níveis de reprodução adequados às mulheres que trabalhavam nas fábricas foram completamente desmanteladas. Recordemos que os anos 1950 foram o apogeu do sonho americano.

É interessante examinar os filmes daquela época para ver como se transforma a figura da mulher. Nos anos 1940, a mulher é forte, trabalha fora, fala e se move como um homem; nos anos 1950, ela é fraca, passional, dependente: é o triunfo do amor romântico. Hollywood se revelou uma verdadeira máquina de guerra para a construção das relações de gênero.

A organização da família nuclear, o papel da dona de casa e o escambo entre o trabalho masculino e o trabalho doméstico vigoraram até os anos 1960. Sucessivamente, a família nuclear se difundiu no mundo todo, inclusive nas novas nações independentes do assim chamado "Terceiro Mundo", que, apesar de se libertarem do jugo colonial, permaneceram no caminho do desenvolvimento capitalista. Foram os movimentos feministas dos anos 1970 e 1980 que denunciaram a crise dessa organização da reprodução e das relações sexuais – uma crise que continua a nos parecer histórica.

GLOBALIZAÇÃO CAPITALISTA E NOVA CRISE DA REPRODUÇÃO

O neoliberalismo e a globalização são em parte uma resposta a essa crise e o início de uma nova fase da organização da reprodução. Em *O ponto zero da revolução* e *Reencantando o mundo* (Federici, 2012 [2019b]; 2018 [2022]), escrevi que a reestruturação da economia global é também uma reestruturação do trabalho reprodutivo. Juntas, representam uma contrarrevolução. Desde meados dos anos 1970 estão em curso uma contrarrevolução permanente e a repetição de um processo de "acumulação primitiva". Verificamos, nas últimas décadas, que a acumulação primitiva não se deu apenas no início do capitalismo, mas retorna continuamente nos momentos-chave de seu desenvolvimento. Quando o capitalismo entra em crise, precisa ativar processos que evoquem a acumulação primitiva – processos basilares que, usando as palavras de Marx, podemos resumir como a "separação dos produtores dos meios de (re)produção", realizada através de expropriação, privatizações, desinvestimento na força de trabalho e desagregação das concentrações operárias.

Desde meados dos anos 1970 ficou claro que o capitalismo estava em crise, uma crise real, não uma crise provocada, artificial. Estava em xeque o controle do trabalho, inclusive o de reprodução. Em sua origem, estavam a luta anticolonial, a descolonização e a recusa generalizada ao trabalho fabril. Os anos 1970 são um período em que os operários, da Itália aos Estados Unidos, de Turim a Detroit, já não lutavam por um salário mais alto, e sim para reduzir a jornada de trabalho; deixavam de obedecer ao sindicato, visto como um órgão patronal, faziam greves radicais e criavam sindicatos que podiam controlar. Foram os anos do movimento estudantil, do movimento contra a Guerra do Vietnã, do movimento negro pelos direitos civis e pelo fim do apartheid nos Estados Unidos, do movimento pela libertação das mulheres, do movimento feminista.

Muitos mecanismos de hierarquização e de divisões que permitiam formas diferenciadas de exploração caíram por terra. Não por acaso, em 1972, o Clube de Roma previu "crescimento zero". De 1972 a 1979, colocou-se em prática uma contínua experimentação visando recuperar um balanço keynesiano entre salário e produtividade do trabalho. Para tanto, usou-se sobretudo a inflação, provocada pelo aumento do preço do petróleo, considerado um elemento-chave enquanto componente essencial de todas as atividades de produção e distribuição. Não sendo possível substituir os trabalhadores no lugar de trabalho, recorreu-se à inflação para reestabelecer o equilíbrio e os lucros adequados. Mas, do ponto de vista da economia global, a reviravolta adveio com a famosa "crise da dívida", provocada em 1979 pelo aumento dos juros em dólar pelo Federal Reserve, o Banco Central dos Estados Unidos, que deflagrou um verdadeiro processo de recolonização.

Foi endividando os países do "Terceiro Mundo" que o capitalismo internacional iniciou sua nova guerra contra o proletariado mundial e, com ela, a instituição de uma nova divisão do trabalho e de uma nova "decomposição" de classe. Da África à América Latina e além, países que haviam se tornado independentes depois de longos processos de luta obtiveram empréstimos com baixíssimas taxas de juros para criar infraestruturas, tornando-se nações endividadas. É digno de nota o fato de que não lhes foi permitido tomar empréstimos do mercado internacional; em vez disso, foram obrigados a se submeter à humilhação do Fundo Monetário Internacional (FMI). Como se sabe, o FMI impôs aos chamados "países endividados", como condição para novos empréstimos, um "ajuste estrutural" (*structural adjustment*) que consiste em um pacote de reformas cujas consequências econômico-sociais podem ser definidas, sem exagero, como um processo de recolonização. Ainda sob suas bandeiras nacionais e formalmente independentes, a dívida impôs a esses países mudanças que reestabeleceram obrigações e dependências típicas do período colonial. A partir do final dos anos 1970, várias nações da África, do Caribe e da América Latina não foram mais capazes de pagar as dívidas contraídas e precisaram recorrer aos empréstimos do FMI, que impôs condições para uma nova dependência. Com a recolonização, em pouco tempo o ajuste estrutural produziu empobrecimento em massa. O "ajuste" – eufemismo que camufla uma prática predatória – abriu as portas às companhias petrolíferas e mineradoras, ao agronegócio, às empresas que produzem combustível verde, todas essas concessões que os governos endividados foram obrigados a acatar para conseguir respirar, pagar a dívida, ou ao menos os juros da dívida, e não ser completamente excluídos dos mercados mundiais. Esse mesmo remédio – embora em doses menos amargas – foi depois aplicado à Europa e aos Estados Unidos. Também nesses lugares, as privatizações, a deslocalização e exportação das indústrias e os cortes nos investimentos sociais do Estado se tornaram remédios contra um endividamento criado artificialmente. Como no início do capitalismo, indústrias *maquiladoras* foram criadas para empregar os expulsos das terras privatizadas em fábricas onde não há regras, onde as pessoas trabalham até vinte horas por dia sem poder ir ao banheiro, de onde somente saem depois que o trabalho termina. Em Bangladesh, jovens trabalhadoras de uma dessas fábricas morreram em um incêndio porque as portas estavam trancadas e não havia como sair.

Em boa parte do "Terceiro Mundo", a família se desagregou após esses acontecimentos, já que os jovens precisavam emigrar para obter uma renda e muitas mulheres tomaram o caminho da migração para trabalhar como domésticas ou "cuidadoras". O fim do socialismo fez parte desse "ajuste", que, como se viu, levou a um desinvestimento massivo das despesas estatais com a reprodução (saúde, escola etc.). Hoje, nos Estados Unidos, para frequentar a universidade, os estudantes precisam se endividar; o gasto com saúde pública foi reduzido. Ao mesmo tempo, abriram-se as portas para o emprego das mulheres no trabalho assalariado, sobretudo no setor de serviços, com salários tão miseráveis que as trabalhadoras assalariadas são aquelas que possuem mais dívidas. O endividado hoje é a mulher que trabalha fora e frequentemente precisa ter dois empregos para conseguir sobreviver, mas mesmo esses dois empregos não lhe asseguram autonomia. Com efeito, as mulheres entraram no mundo laboral no mesmo período em que o trabalho assalariado perdia todas as suas características anteriores: segurança, benefícios, salários decentes para garantir a sobrevivência de toda a família. Em massa, as mulheres ingressaram no universo do trabalho como mão de obra não especializada em um momento de refluxo da luta sindical. Entraram nas fábricas adotando o conceito de "fábrica" no sentido lato, no mesmo momento em que o teto dos galpões industriais metaforicamente desmoronava e era necessário dispor de uma nova força de trabalho para retomar o desenvolvimento capitalista.

É importante acrescentar que, em decorrência da política da dívida e do uso crescente de instrumentos financeiros (cartões de crédito) para as despesas cotidianas, a reprodução imediatamente se tornou um momento de acumulação do capital. Podemos de fato falar em uma "financeirização da reprodução". A massa salarial à qual as mulheres têm acesso aumentou, mas ao mesmo tempo a reprodução tem dependido cada vez mais das finanças e do mercado, o que faz com que o salário seja quase completamente gasto para se reproduzir: é preciso pagar a creche, ou pagar alguém que cuide dos idosos, porque não há ninguém em casa que possa fazê-lo, e o

Estado deixou de subvencionar os centros para idosos e a assistência social. Muitas mulheres que trabalham fora dependem do cartão de crédito também para as despesas cotidianas, pois o salário não é suficiente, ou precisam se endividar com agências que oferecem *payday loans* [empréstimos do dia do pagamento], concedidos com taxas de juros exorbitantes. Além disso, como não sobra tempo, recorre-se ao *fast-food*, que, no entanto, é notoriamente uma das principais causas da obesidade desenfreada que aflige os Estados Unidos. Hoje em dia, nos bairros proletários estadunidenses, as crianças nascem com asma, obesidade e diabetes – nos hospitais, em vez de feridos, os leitos e macas precisam acomodar os cada vez mais numerosos pacientes obesos. O supermercado é a grande mãe. No lugar da esposa que cozinha agora existe o McDonald's. Pode parecer um passo adiante no caminho da emancipação, e decerto não lamentamos o trabalho doméstico perdido, mas os custos em deterioração da saúde e em horas de trabalho mal pagas desaconselham qualquer otimismo.

Essa reconfiguração – as mulheres sendo obrigadas a migrar para garantir um futuro para seus filhos, o McDonald's, as crianças que vão à escola com a chave de casa pendurada no pescoço e aos quatro anos já tomam antidepressivos – atesta que a crise da reprodução está atingindo níveis insustentáveis. Oito milhões de crianças nos Estados Unidos são drogadas todos os dias com antidepressivos, pílulas contra hiperatividade e déficit de atenção, porque ninguém tem tempo para elas, porque as atividades mais interessantes foram eliminadas da escola, que se transformou num lugar deplorável que necessita de seguranças armados.

Essa crise da reprodução evoca a crise do período industrial, com a precarização do trabalho e o endividamento crescente devido aos baixos salários. Até quando não se apresenta sob a forma minoritária da família nuclear, a família está cada vez mais dilacerada, seus membros não se veem mais que duas ou três vezes durante a semana, porque os horários de trabalho são diferentes e há uma urgência cada vez mais intensa de encontrar formas de sobrevivência.

Este é um momento de grandes contradições e enormes demandas do ponto de vista do "que fazer", sobretudo para os movimentos feministas. Hoje, muitas coisas estão mais claras que no passado. Há uma consciência cada vez mais difundida sobre o fato de que se trata de um sistema insustentável, que não permite à maior parte da população viver e se reproduzir; um sistema que necessita de níveis altíssimos de violência institucional, que cria uma subjetividade violenta, que produz miséria, que fornece a ilusão do progresso e proporciona uma vida continuamente dominada pela ansiedade.

O temor sobre aquilo que o futuro reserva foi completamente normalizado. Nos Estados Unidos, os médicos identificaram uma nova doença, a síndrome da ansiedade por dinheiro (*the money sickness syndrome*). Uma pesquisa recente mostrou que apenas um terço dos estadunidenses tem dólares para gastar em caso de emergência. Todavia, a condição de desconforto, sobretudo no que diz respeito aos idosos, também atinge quem tem acesso a salários mais altos, isto é, a classe média: a mulher tem a ajuda de uma migrante que vive em casa ou ali trabalha muitas horas por dia, e pode se permitir ir ao restaurante em vez do McDonald's. Se considerarmos os altos níveis de violência contra as mulheres, os migrantes e as pessoas racializadas, além da crescente militarização da vida cotidiana, veremos que hoje nas camadas proletárias a reprodução acontece sob o signo do medo. Em resposta ao vasto processo de luta dos anos 1960, o Estado não apenas encarcerou cada sujeito potencialmente antagônico mas também fomentou ou tolerou movimentos e práticas revanchistas – pela supremacia dos brancos, pela criminalização dos imigrantes, pelo contínuo aumento das despesas militares, cuja consequência é uma escalada na produção de modelos masculinos "tóxicos".

Esta fase coloca um grande problema, sobretudo para o movimento feminista. É ótimo vermos milhares de mulheres protestando nas ruas, mas com quais horizontes, quais projetos? Creio que hoje exista um movimento feminista em nível internacional muito mais aguerrido que nos anos 1960, mas nem sempre com mais capacidade e vontade de ruptura. Reivindicam-se salários iguais entre homens e mulheres, a socialização do trabalho doméstico e uma maior participação dos homens no trabalho de reprodução. Porém, nos Estados Unidos, não há movimentos de luta para desencadear um processo de reapropriação da riqueza que o capitalismo expropriou e acumulou mediante a exploração do nosso trabalho. Até agora não conseguimos criar e obter uma infraestrutura reprodutiva capaz de suprir nossas necessidades. Ao contrário, precisamos enfrentar custos cada vez mais altos para o cuidado das crianças, dos doentes crônicos, dos idosos não autônomos. Pagamos preços altíssimos por transportes ineficientes e apartamentos cada vez menores. Falta ainda uma organização vinda de baixo capaz de ter presença nas escolas, controlar a qualidade do cuidado médico e, sobretudo, organizar programas de prevenção de doenças. Falta, sobretudo, um feminismo que lute de forma sistemática e, por meio da construção de alianças com outros movimentos para criar formas mais coletivas de reprodução, seja capaz de garantir majoritariamente nossa vida e fortalecer sempre mais as nossas lutas.

Preparação para o sabá.
Gravura alemã de autoria
desconhecida, século XVI.

POSFÁCIO

NOVOS CERCAMENTOS, CAÇA ÀS BRUXAS E ESPAÇOS (TRANS)FEMINISTAS[9]

GABRIELLA PALERMO

O estudo e a análise da caça às bruxas atravessam toda a produção teórica e a reflexão política de Silvia Federici. Neste novo texto, retomando alguns dos temas-chave de *Calibã e a bruxa* – a origem do capitalismo nos processos de cercamento das terras comuns e do corpo das mulheres, a separação entre produção e reprodução e a organização do trabalho reprodutivo na longa transição capitalista –, Federici nos oferece, mais uma vez, um método de crítica e leitura do presente que questiona incessantemente as origens e transformações do capital.

A caça às bruxas é, segundo a autora, um fenômeno fundamental para compreender o nascimento e a afirmação do capitalismo. Ao estudar a Idade Média e o feudalismo como um período histórico nada obscuro ou estático, no qual se davam, ao contrário, múltiplas lutas camponesas – como, por exemplo, as Guerras Remensas na Catalunha ou o movimento dos *patarini*

---

9 Este texto é parte de uma reflexão mais ampla, construída e compartilhada pelo movimento Non Una di Meno Palermo.

na zona de heresia que ligava o Vale do Pó à França e à Alemanha –, Federici sustenta que o capitalismo nasceu em resposta a essas lutas, como forma de dar continuidade à exploração das massas por outros meios. E a caça às bruxas se apresentou como um dispositivo de disciplinamento dos novos sujeitos sociais na transição capitalista.

Qual a atualidade da caça às bruxas? *Ni una mujer menos, ni una muerta más*: com esse verso, escrito em um poema contra o aumento dos feminicídios em Ciudad Juárez, México, Susana Chávez, que foi vítima de feminicídio nessa cidade, deu nome a um movimento de alcance global contra a violência de gênero, o qual, a partir da América Latina, está *reposicionando* o mundo. Nas *marés* – assim se definem as manifestações oceânicas desse movimento feminista e transfeminista – apareceram muitas vezes cartazes com a frase "somos as bruxas que vocês não conseguiram queimar". Na prática do objetivo de *reencantar o mundo,* esse movimento, para o qual a obra de Federici representa uma importante referência, tem construído um feminismo de novo tipo, que, ao mesmo tempo que luta contra a violência estrutural e sistêmica, imagina e constrói outros espaços, nos quais o trabalho produtivo possa ser socializado e o cuidado possa se converter em um princípio de construção da comunidade, de relações e alianças excluídas dos parâmetros de valorização do capital.

Três temas essenciais da produção de Federici são retomados em *Caça às bruxas e capital* e lidos através de novas lentes, a fim de também falar aos feminismos contemporâneos, aos quais a autora se dirige para identificar seus limites e potencialidades. Três temas: os velhos e novos cercamentos (*enclosures*); a reedição da caça às bruxas nas novas formas assumidas pela violência de gênero; a imaginação e a construção de novos mundos, novas relações, novos comuns (*commons*).

VELHOS E NOVOS CERCAMENTOS

Quem eram as bruxas? A partir dessa pergunta, Federici lê os cercamentos como um processo amplo, que não dizia respeito somente às terras, mas também ao corpo das mulheres acusadas de feitiçaria, seus saberes e suas relações.

Retraçar o processo de acumulação primitiva nos permite observar os velhos e novos cercamentos que operam no presente: enquanto em países africanos, na Índia ou alguns lugares da América Latina os novos cercamentos do capitalismo extrativo — que atua na mesma medida contra corpos e territórios — voltaram a ser relacionados à figura da bruxa, as consequências da separação originária são visíveis e reproduzidas nas agressões do capital às tentativas de recomposição conflitual.

A construção da figura da bruxa historicamente desempenhou muitas funções: favoreceu a expulsão dos camponeses das terras comunitárias; serviu para fragmentar as comunidades em luta, separando as mulheres dos homens, as mulheres *adequadas* das bruxas; e, sobretudo, foi fundamental para separar o trabalho produtivo do reprodutivo e introduzir uma nova divisão sexual do trabalho – uma divisão e uma separação que implicaram também a introdução de um sistema de controle sobre o corpo e de uma nova disciplina da sexualidade das mulheres, os quais continuam a se reproduzir nos nossos dias e requerem defesa e vigilância contínuas. Refiro-me aqui especificamente às lutas pelo controle do corpo e, assim, da reprodução, que compreendem a defesa do aborto livre – regularmente violado na Itália, abolido nos Estados Unidos, sob ataque ou ainda não reconhecido em muitos outros países do mundo –, a luta contra a esterilização forçada, as instâncias para a construção de condições necessárias à maternidade; lutas também relacionadas com a reivindicação de uma sexualidade livre, autodeterminada e consciente, que discuta radicalmente a família tradicional e a imaginação sexista dominante, que apenas servem para revigorar a violência patriarcal.

O sistema capitalista que gira em torno do homem branco, ocidental e heterossexual cercou, separou e silenciou os saberes das mulheres e de outros grupos sociais em condições minoritárias, como as populações dos territórios depois colonizados, perpetrando o processo que Spivak (1988 [2010]) chama de violência epistêmica. No caso das mulheres, esses saberes, ligados sobretudo à relação com a vida e a natureza – muitas das acusadas de bruxaria eram na verdade parteiras ou *medicotte* –, foram expropriados e destinados à construção de uma disciplina proprietária, masculina na maior parte dos casos. As relações entre gênero e medicina são, nesse sentido, um campo interessante para a observação das origens de uma disciplina historicamente exercida através da violência contra as mulheres e sobretudo contra as mulheres negras, cuja origem remonta exatamente à caça às bruxas – pensemos, no presente, na violência obstétrica, na instrumentalização da psicologia e da psicanálise para o disciplinamento e controle de mulheres não conformes, e até mesmo na ausência de reconhecimento e de tratamentos para doenças invisíveis como a vulvodínia, a neuralgia do nervo pudendo e a fibromialgia. Reconstruir a genealogia da ciência médica através de um retorno à acumulação primitiva permite não somente nomear a violência que caracteriza sua origem mas principalmente produzir um saber coletivo capaz de exprimir o ponto de vista das lutas feministas sobre o terreno da reprodução.

Por fim, o cercamento das terras comunitárias e a separação entre produção e reprodução deram origem a uma importante e dramática fragmentação da comunidade. Com a caça às bruxas, impôs-se o princípio – que chegou quase intacto aos dias de hoje – de que a mulher *adequada* é aquela que se restringe ao espaço doméstico. Assim se transformaram as bases da legitimação social e sobretudo as formas de solidariedade entre as mulheres. A palavra *gossip*, que na Idade Média significava "amiga do coração", referindo-se especificamente às relações femininas, no arco de um século e meio se tornou sinônimo de "linguagem vazia", "fofoca", no pior dos casos, "linguagem maligna": um processo de desvalorização das práticas e de fragmentação das relações também visível na específica configuração do feminismo neoliberal que promove relações de poder de mulheres sobre outras mulheres.

Reler a caça às bruxas hoje nos ajuda, assim, a compreender melhor as origens do capitalismo e a entender como as sedimentações sociais, econômicas e políticas construídas se reproduzem no presente através da atuação sistêmica da violência de gênero ligada às transformações do capital.

UMA CAÇA ÀS BRUXAS RENOVADA

A violência de gênero é o instrumento de controle e disciplinamento exercido pelo sistema capitalista e patriarcal sobre a vida e o corpo das mulheres e das subjetividades LGBTQIA+. Trata-se de uma violência sistêmica e estrutural (por isso, *originária*) que assume múltiplas formas, desde a violência econômica e psicológica até a física, que chega ao extremo da privação da própria vida. Se durante a caça às bruxas que acompanhou a acumulação capitalista se consumou uma terrível violência contra o corpo das mulheres acusadas dos crimes mais horrendos, que eram torturadas e depois queimadas em público para impor, pelo terror, um novo modo de produção e novas formas de exploração, a violência de gênero tem funcionado como dispositivo de disciplinamento em todas as fases da transição capitalista até a atualidade. Entre os séculos XVIII e XIX, uma nova racionalidade capitalista – que intentava enfrentar a profunda crise da reprodução devida ao regime de exploração absoluta da "grande indústria" – introduziu uma divisão sexual do trabalho mais clara: o homem na fábrica, no espaço (público) da produção, e a mulher em casa, no espaço (privado) da reprodução e do trabalho doméstico. Nessa fase, na qual se cumpriu a imensa transformação do salário familiar através da construção da família nuclear em torno da dona de casa, o trabalho reprodutivo não assalariado – que não consiste somente em procriar ou fornecer alimento e se encarregar da limpeza, mas também no *cuidado* psicológico, emotivo, sexual – era regulado pelo trabalhador assalariado, ao qual o capital delegava disciplina e controle: é o "patriarcado do salário".

Inaugurado no início dos anos 1970 pela Campanha pelo Salário para o Trabalho Doméstico (da qual Federici foi uma das principais ativistas) e pelos sucessivos desenvolvimentos das práticas militantes de um "feminismo marxista de *ruptura*" (Curcio, 2019; 2021, p. 15-24), o grande ciclo de lutas feministas revelou a centralidade do trabalho reprodutivo no capitalismo e a violência de sua gratuidade. A reestruturação da economia global que se seguiu ao liberalismo deu início a uma nova fase em que as atividades reprodutivas são organizadas como serviços que produzem valor. Na medida em que persistem o trabalho doméstico não remunerado e o processo de naturalização, ou melhor, de conexão direta entre o útero e as atividades de reprodução, as características do trabalho das mulheres são valorizadas no novo modo de produção. Assiste-se concomitantemente ao desmantelamento do *welfare state* [Estado de bem-estar social]. Nesse sentido, desde meados dos anos 1970, observamos uma repetição do processo de acumulação primitiva, que não é um momento que acontece de uma só vez com o advento do capitalismo, mas que se repete sempre que o capital precisa de uma reestruturação. O endividamento crescente devido ao progressivo empobrecimento de camadas sociais cada vez mais amplas é acompanhado de uma reestruturação produtiva que prevê, por um lado, o crescimento da flexibilização, da deslocalização e da precarização do trabalho; e, por outro lado, no Sul do mundo, a *maquiladorização* da produção e a privatização das terras em um processo de recolonização (Federici, 2012 [2019b]).

Hoje, a reestruturação capitalista é acompanhada por uma nova escalada da violência de gênero. A progressiva desvalorização do trabalho reprodutivo, com salários baixos e formas violentas de exploração, corresponde a uma nova disciplina do trabalho, baseada em hierarquias de raça e gênero – as mulheres migrantes de fato sofrem mais extorsões e abusos. Trata-se de contradições que emergiram com mais intensidade durante a pandemia de covid-19. Fenômeno sanitário, político, econômico e social, a pandemia funcionou e continua a funcionar como um grande laboratório de experimentação, sobretudo no que concerne ao trabalho reprodutivo em suas diversas formas, do trabalho de cuidado ao trabalho doméstico (Borgia & Palermo, 2021). A crise sanitária funcionou como aceleradora de processos de individualização, desvalorização e exploração do trabalho, sobretudo o reprodutivo: a esperada "retomada" está, na verdade, ligada a uma cada vez mais profunda precarização.

Durante a pandemia, além disso, a violência física alcançou índices altíssimos, confirmando que na maior parte ela se consuma dentro do espaço doméstico, perpetrada pelos homens da rede familiar ou por conhecidos – para além da brutalidade dos atos violentos que continuam a ocorrer no espaço público. Segundo dados coletados pelo observatório nacional Non Una di Meno na Itália, somente em 2021 foram registrados 115 casos de feminicídios, lesbicídios e assassinatos de pessoas trans.[10] A isso se acrescenta uma profunda violência midiática contra o corpo das mulheres por meio de formas de vitimização ou justificação, tolerância e impunidade, e até mesmo culpabilização das vítimas.

Essa nova *escalada* demonstra de uma vez por todas que o bem-estar social não corresponde ao desenvolvimento e ao progresso do capital (Federici, 2020a [2019a]); que as transformações do trabalho reprodutivo são sempre acompanhadas de uma reprodução da violência de gênero, como um dispositivo estrutural do funcionamento do capital; que a restauração dos processos de acumulação ocorre toda vez que o capital necessita se regenerar para se adaptar às mudanças em curso. De fato, entre as múltiplas causas da nova caça às bruxas, certamente está o fato de que o capital tem tentado agredir e cooptar as lutas dos movimentos feministas e transfeministas contemporâneos.

Na Itália, exemplos da violência do capital podem ser encontrados na oposição ao DDL Zan, projeto de lei contra a homotransfobia, e, de modo mais geral, nos processos de *pinkwashing* do feminismo neoliberal, que, em escala planetária, pretendem abduzir e normalizar as linguagens, as práticas e os discursos das lutas feministas e queer.

O que fazer?

---

10 Ver https://osservatorionazionale.nonunadimeno.net/.

ROMPER O ISOLAMENTO, PRATICAR OUTROS MUNDOS

Em um dos ensaios de *O ponto zero da revolução* [introdução da edição italiana da obra], Federici (2012 [2019b]) escreve: "Se quisermos que o feminismo represente uma força capaz de transformar a sociedade e criar relações sociais igualitárias, devemos abandonar a perspectiva tanto da igualdade quanto da 'diferença', já que nenhuma delas contesta a organização capitalista do trabalho com toda a sua carga de exploração, relações sociais racistas e machistas, o roubo constante da riqueza que produzimos e a pauperização geral da sociedade". Assumindo esse ponto de vista e praticando a crítica do cotidiano, sobretudo através da greve transfeminista do 8 de março – uma greve do trabalho produtivo e reprodutivo, do consumo, do gênero e dos gêneros –, o movimento transnacional Nem Uma a Menos constrói um feminismo tecido na prática. Uma lição proveniente dos movimentos feministas na América Latina, baseada na necessidade de um novo tipo de feminismo que, a partir de um sistema de alianças, combate a violência sistêmica que fundamenta as relações de poder do capital. Um feminismo que tira seu impulso das condições materiais de vida e de exploração, que sabe, como bem evidencia Verónica Gago (2022), que

> [a] dimensão de classe dos feminismos entra em jogo quando se fala em trabalho reprodutivo, que é a violência que sustenta a apropriação extrativista de determinados corpos e territórios, ou que o exercício da greve não apaga

nem substitui o problema da exploração, mas reformula sua organização, pondo em discussão os mandatos de gênero e os privilégios racistas que definem o triângulo indissolúvel entre capital, patriarcado e colonialismo.

As reivindicações no plano do *welfare*, como a remuneração por autodeterminação, juntamente à demanda por um salário mínimo europeu, inserem-se em uma estratégia de reapropriação para praticar instâncias e objetivos na frente de trabalho produtivo e reprodutivo, enquanto continuam a se imaginar outros mundos e novos horizontes de possibilidades.

Durante a pandemia, enquanto o trabalho reprodutivo era submetido a novas transformações úteis à regeneração das relações de poder e exploração do capital, o movimento transfeminista reconheceu, na crítica ao extrativismo capitalista e ao seu modelo produtivo e de consumo "infecto" – assim como ficou evidente com os novos vírus Sars [Síndrome respiratória aguda grave] da era contemporânea –, a existência de uma ligação entre a violência exercida nos corpos e a violência perpetrada nos territórios. A essa análise e crítica do fenômeno pandêmico, os movimentos transfeministas responderam erguendo redes solidárias para a distribuição de bens de primeira necessidade, para a construção de percursos alternativos e autogeridos de fuga da violência, para a defesa e cogestão da saúde e da reprodução nas camadas inferiores.

São diversos e complexos os desafios colocados diante do movimento feminista, que certamente ainda será imaginado, construído e praticado. Porém, um traço de práticas, movimentos e espaços alternativos já é visível no objetivo de "reencantar o mundo".

São práticas que, na medida em que contestam as condições de isolamento dentro das quais a reprodução do capital nos encerra, projetam e constroem outras, reimaginando a reprodução, socializando-a e subtraindo-a à valorização do capital; são movimentos e greves nos quais "estão em jogo a concessão do trabalho, a produção de valor e as formas de vida que merecem assistência, cuidado e renda, além da questão de onde tirar recursos para fazê-lo" (Gago, 2022); espaços nos quais recompor aquilo que, a partir da caça às bruxas, foi separado: as terras comunitárias, a aliança dos corpos, os saberes guerrilheiros feministas e transfeministas.

GABRIELLA PALERMO é doutora pela Università degli studi di Palermo, Itália. Pesquisa as geografias do mar e trabalha com a conceituação do Mediterrâneo Negro. Faz parte do movimento transfeminista Non Una di Meno.

CRÉDITOS DAS IMAGENS

Capa

Jan Luyken, *A execução de Anne Hendricks por bruxaria em Amsterdam, em 1571*, 1685, gravura.

JEAN MICHEL SALLMANN (1997)

Contracapas

Montagem com folhas, flores e frutos da romã.

YANA PARENTE / ELEFANTE

p. 6

Velha ilustração de uma lavadeira. Criada por Boucourt depois de Chardin. Publicada na revista *Magasin Pittoresque*, Paris, 1850.

OLDTIME / ALAMY STOCK PHOTO

p. 12-4

Ilustração da revista *The Illustrated London News*, volume LVI, publicada em 7 de maio de 1870.

DE AGOSTINI / GETTY IMAGES

p. 27-8

Gravura de Victor Schivert e D. E. Tau, de 1891, retratando a partida de Georg Metzler e seus seguidores de Oberschuepf, Suábia, em 1525, em um episódio das guerras camponesas da Alemanha, ocorrida entre 1524 e 1526.

SUNNY CELESTE / ALAMY STOCK PHOTO

p. 40-2

L'Espiegle, de Lucas van Leyden, retirado de *Histoire des Peintres de Toutes les Écoles, École Hollandaise*, publicado em 1863.

CLASSIC IMAGE / ALAMY STOCK PHOTO

Quarta capa

Mendigos e camponeses lutando em torno de um barril de vinho, Paris, França, século XV.

HISTORY_DOCU_PHOTO / ALAMY STOCK PHOTO

REFERÊNCIAS

BORGIA, Claudia & PALERMO, Gabriella. "Laboratorio Pandemia: genere, riproduzione, spazio domestico". *Machina*, 21 maio 2021.

CURCIO, Anna. "Produzione, riproduzione, 'rottura': per una critica femminista materialista della realtà". *Etnografie del Contemporaneo*, v. 4, p. 15-24, 2021.

CURCIO, Anna. "Il femminismo marxista della rottura". *In:* CURCIO, Anna (org.). *Introduzione ai femminismi: genere, razza, classe, riproduzione: dal marxismo al queer*. Roma: Derive Approdi, 2019.

DALLA COSTA, Mariarosa. *Potere femminile e sovversione sociale*. Veneza: Marsilio Editori, 1972.

DALLA COSTA, Mariarosa. *Famiglia, welfare e Stato tra progressismo e New Deal*. Milão: FrancoAngeli, 1983.

DALLA COSTA, Mariarosa. *Donne, sviluppo e riproduzione: Questioni delle lotte e dei movimenti*, Milão: FrancoAngeli, 1996.

DOCKÈS, Pierre. *Medieval Slavery and Liberation*. Chicago: University of Chicago Press, 1982.

ENGELS, Friedrich. *La situazione della classe operaria in Inghilterra*. Roma: Riuniti, 1972. [Ed. bras.: *A situação da classe trabalhadora na Inglaterra*. Trad. B. A. Schumann. São Paulo: Boitempo, 2007.]

ENGELS, Friedrich. *La guerra dei contadini in Germania*. Milão: Pgreco, 2014. [Ed. bras.: "As guerras camponesas na Alemanha". *In:* ENGELS, Friedrich. *A revolução antes da revolução*. Trad. Eduardo Nogueira e Conceição Jardim. São Paulo: Expressão Popular, 2010, p. 35-159.]

FEDERICI, Silvia. *Il punto zero della rivoluzione. Lavoro domestico, riproduzione e lotta femminista*. Verona: ombre corte, 2012. [Ed. bras.: *O ponto zero da revolução: trabalho doméstico, reprodução e luta feminista*. Trad. Coletivo Sycorax. São Paulo: Elefante, 2019b.]

FEDERICI, Silvia. *Calibano e la strega. Le donne, il corpo e l'accumulazione originaria*. Milão: Momesis, 2015. [Ed. bras.: *Calibã e a bruxa: mulheres, corpo e acumulação primitiva*. 2 ed. Trad. Coletivo Sycorax. São Paulo: Elefante, 2023.]

FEDERICI, Silvia. *Caccia alle streghe, guerra alle donne*. Roma: Nero, 2020a. [Ed. bras.: *Mulheres e caça às bruxas: da Idade Média aos dias atuais*. Trad. Heci Regina Candiani. São Paulo: Boitempo, 2019a.]

FEDERICI, Silvia. *Genere e capitale: per una lettura femminista di Marx*. Roma: DeriveApprodi, 2020b.

FEDERICI, Silvia. *Reincantare il mondo. Femminismo e politica dei commons*. Verona: ombre corte, 2018. [Ed. bras.: *Reencantando o mundo: feminismo e a política dos comuns*. Trad. Coletivo Sycorax. São Paulo: Elefante, 2022.]

FEDERICI, Silvia & FORTUNATI, Leopoldina. *Il grande Calibano: storia del corpo sociale ribelle nella prima fase del capitale*. Milão: FrancoAngeli, 1984.

FEDERICI, Silvia & AUSTIN, Arlen (org.). *Wages for Housework: the New York Committee 1972-1977: History, Theory, Documents*. Nova York: Autonomedia, 2018.

FORTUNATI, Leopoldina. *L'arcano della riproduzione: casalinghe, prostitute, operai e capitale*. Veneza: Marsilio Editori, 1981.

GAGO, Verónica. "La critica al neoliberalismo come gesto femminista", *Machina*, 21 jan. 2022.

HAYDEN, Dolores. *Redesigning the American Dream: the Future of Housing, Work, and Family Life*. Nova York: W.W. Norton & Company, 1986.

HAYDEN, Dolores. *The Grand Domestic Revolution: a History of Feminist Designs For American Homes, Neighborhoods and Cities*. Cambridge: MIT Press, 1985.

HEWITT, Margaret. *Wives & Mothers in Victorian Industry: a Study of the Effects of the Employment of Married Women in Victorian Industry*. Londres: Rockliff, 1958.

HILTON, Rodney. *Bond Men Made Free: Medieval Peasant Movements and the English Rising of 1381*. Nova York: Viking Press, 1998.

MARCHETTI, Sabrina; CHERUBINI, Daniela & GAROFALO, Giulia (org.). *Global Domestic Workers: Intersectional Inequalities and Struggles for Rights*. Bristol: Bristol University Press, 2021.

MARX, Karl. *Il capitale*. Turim: Einaudi, 1975. [Ed. bras.: *O capital*. Trad. Rubens Enderle *et al*. São Paulo: Boitempo, 2023.]

SPIVAK, Gayatri Chakravorty. *Can the Subaltern Speak?*. *In*: CARRY, N. & GROSSBERG, L. (org.). *Marxism and the Interpretation of Culture*. Urbana-Champaign: University of Illinois Press, 1988, p. 271-313. [Ed. bras.: *Pode o subalterno falar?*. Trad. Sandra Regina Goulart Almeida, Marcos Pereira Feitosa e André Pereira Feitosa. Belo Horizonte: Editora UFMG, 2010.]

TOMASELLO, Federico. *L'inizio del lavoro: teoria politica e questione sociale nella Francia della prima metà dell'Ottocento*. Roma: Carocci, 2018.

TOUPIN, Louise. *Wages for Housework: a History of an International Feminist Movement, 1972-1977*. Londres: Pluto, 2018.

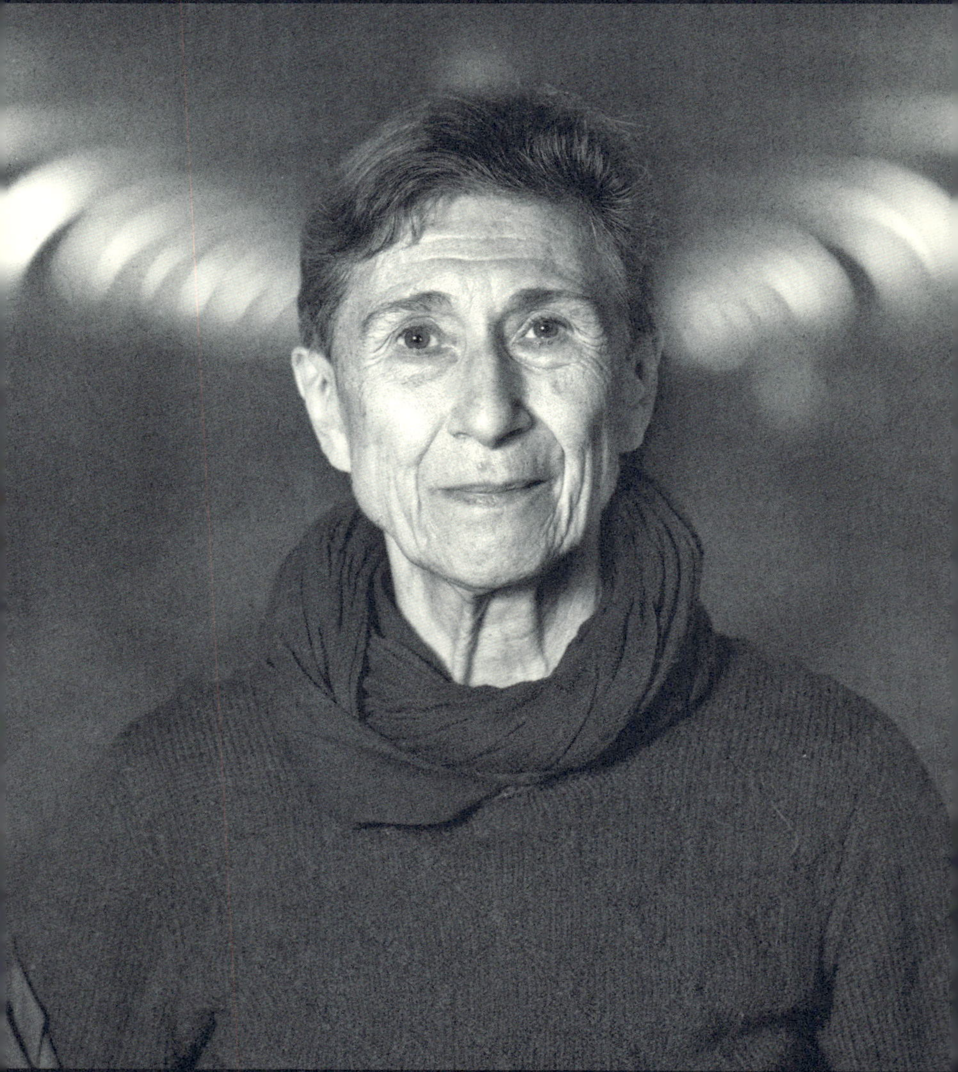

FOTO: REBECA FIGUEIREDO

SILVIA FEDERICI é uma intelectual militante de tradição feminista marxista autônoma. Nascida na cidade italiana de Parma em 1942, mudou-se para os Estados Unidos em 1967, onde foi cofundadora do International Feminist Collective, participou da Campanha pelo Salário para o Trabalho Doméstico e contribuiu com o Midnight Notes Collective.

Nos anos 1980, foi professora da Universidade de Port Harcourt, na Nigéria, onde acompanhou a organização feminista Women in Nigeria e contribuiu para a criação do Committee for Academic Freedom in Africa.

Na Nigéria pôde ainda presenciar a implementação de uma série de ajustes estruturais patrocinados pelo Fundo Monetário Internacional e pelo Banco Mundial.

Atualmente, Silvia Federici é professora emérita da Universidade Hofstra, em Nova York.

É autora de *Calibã e a bruxa* (Elefante, 2017 [2023]), *O ponto zero da revolução* (Elefante, 2019), *Reencantando o mundo* (Elefante, 2022) e *Além da pele* (Elefante, 2023), e coorganizadora, com Verónica Gago e Luci Cavallero, de *Quem deve a quem? Ensaios transnacionais de desobediência financeira* (Elefante / Criação Humana, 2023), além de ter publicado inúmeros artigos sobre feminismo, colonialismo, globalização, trabalho precário e comuns.

Título original:
Caccia alle streghe e Capitale: Donne, accumulazione, riproduzione
Derive Approdi, 2022

Primeira edição, fevereiro de 2025
São Paulo, Brasil

Dados Internacionais de Catalogação na Publicação (CIP)
Angélica Ilacqua CRB-8/7057

Federici, Silvia
Caça às bruxas e capital: mulheres, acumulação, reprodução / Silvia Federici; organização de Gabriella Palermo; tradução de Gisela Bergonzoni – São Paulo: Elefante, 2025.
100 p. : il., color.

Bibliografia
ISBN 978-65-6008-074-4

Título original: Caccia alle streghe e Capitale: Donne, accumulazione, riproduzione

1. Ciências sociais 2. Mulheres 3. Capitalismo I. Título
II. Palermo, Gabriella III. Bergonzoni, Gisela

24-4302 CDD 300

Índices para catálogo sistemático:
1. Ciências sociais

elefante
editoraelefante.com.br
contato@editoraelefante.com.br
fb/editoraelefante
@editoraelefante

TIPOGRAFIA	GUARDIAN & AKHAND
PAPEL	CARTÃO 250 G/M² & PÓLEN BOLD 90 G/M²
IMPRESSÃO	MARGRAF

Título original:
Caccia alle streghe e Capitale: Donne, accumulazione, riproduzione
Derive Approdi, 2022

Primeira edição, fevereiro de 2025
São Paulo, Brasil

Dados Internacionais de Catalogação na Publicação (CIP)
Angélica Ilacqua CRB-8/7057

Federici, Silvia
Caça às bruxas e capital: mulheres, acumulação, reprodução / Silvia Federici; organização de Gabriella Palermo; tradução de Gisela Bergonzoni – São Paulo: Elefante, 2025.
100 p. : il., color.

Bibliografia
ISBN 978-65-6008-074-4

Título original: Caccia alle streghe e Capitale: Donne, accumulazione, riproduzione

1. Ciências sociais 2. Mulheres 3. Capitalismo I. Título
II. Palermo, Gabriella III. Bergonzoni, Gisela

24-4302 CDD 300

Índices para catálogo sistemático:
1. Ciências sociais

---

elefante
editoraelefante.com.br
contato@editoraelefante.com.br
fb/editoraelefante
@editoraelefante

TIPOGRAFIA GUARDIAN & AKHAND

PAPEL CARTÃO 250 G/M² & PÓLEN BOLD 90 G/M²

IMPRESSÃO MARGRAF